La Revolución cubana

Una guía fascinante sobre la rebelión armada que cambió el destino de Cuba. Incluye historias sobre los líderes Fidel Castro, Che Guevara y Fulgencio Batista

© Copyright 2021

Todos los derechos reservados. Ninguna parte de este libro puede ser reproducida de ninguna forma sin el permiso escrito del autor. Los revisores pueden citar breves pasajes en las reseñas.

Descargo de responsabilidad: Ninguna parte de esta publicación puede ser reproducida o transmitida de ninguna forma o por ningún medio, mecánico o electrónico, incluyendo fotocopias o grabaciones, o por ningún sistema de almacenamiento y recuperación de información, o transmitida por correo electrónico sin permiso escrito del editor.

Si bien se ha hecho todo lo posible por verificar la información proporcionada en esta publicación, ni el autor ni el editor asumen responsabilidad alguna por los errores, omisiones o interpretaciones contrarias al tema aquí tratado.

Este libro es solo para fines de entretenimiento. Las opiniones expresadas son únicamente las del autor y no deben tomarse como instrucciones u órdenes de expertos. El lector es responsable de sus propias acciones.

La adhesión a todas las leyes y regulaciones aplicables, incluyendo las leyes internacionales, federales, estatales y locales que rigen la concesión de licencias profesionales, las prácticas comerciales, la publicidad y todos los demás aspectos de la realización de negocios en los EE. UU., Canadá, Reino Unido o cualquier otra jurisdicción es responsabilidad exclusiva del comprador o del lector.

Ni el autor ni el editor asumen responsabilidad alguna en nombre del comprador o lector de estos materiales. Cualquier desaire percibido de cualquier individuo u organización es puramente involuntario.

Una revolución es una lucha a muerte entre el futuro y el pasado.
Fidel Castro

Índice

INTRODUCCIÓN 1
CAPÍTULO 1: JOYA DE LA CORONA ESPAÑOLA............................3
CAPÍTULO 2: ESTADOS UNIDOS ENTRA EN ESCENA 11
CAPÍTULO 3: LA APARICIÓN DEL SARGENTO BATISTA.........20
CAPÍTULO 4: LA REBELIÓN DEL SARGENTO............................30
CAPÍTULO 5: COMIENZO DE LA REVOLUCIÓN 40
CAPÍTULO 6: MR-26-7 52
CAPÍTULO 7: UNA REUNIÓN FATÍDICA 65
CAPÍTULO 8: EL VIAJE DEL GRANMA..72
CAPÍTULO 9: OPERACIÓN VERANO Y VICTORIA 84
CONCLUSIÓN..94
VEA MÁS LIBROS ESCRITOS POR CAPTIVATING HISTORY 98
FUENTES 99

Introducción

La historia de la Revolución cubana es la historia de una lucha que jamás debería haber triunfado.

Cuba acababa de obtener su independencia cuando de pronto comenzó a trastabillar en mano de varios dictadores. Los estadounidenses habían luchado intensamente para liberarla de las garras de los españoles y ahora comenzaban a explotarla usando la Enmienda Platt. Incluso después de que la enmienda fuera anulada, los presidentes cubanos se levantaron y tomaron el poder con sangrientos golpes. Pero ninguno de ellos sería peor que Fulgencio Batista, hombre responsable por la muerte de decenas de miles de personas.

Sin embargo, esta historia no trata tanto de la revolución, sino de la historia de los tres hombres inimitables detrás de ella: Fulgencio Batista, Fidel Castro y Ernesto "Che" Guevara. Figuras controvertidas con una historia de trasfondo apasionante. Este libro tiene como objetivo explorar sus vidas y la influencia de sus historias sobre sus roles en la revolución.

Los dos primeros capítulos de este libro proporcionarán una breve descripción de la historia de Cuba, dando profundidad y comprensión de cómo se originó la revolución. Después de eso, se sumergirá en las vidas de Batista, Castro y Guevara y contará la historia de la revolución. Es la apasionante historia de una victoria imposible que nunca debería haber tenido lugar. Una historia sobre el coraje frente a ciertos fracasos y la determinación absoluta frente a grandes obstáculos. Y, finalmente, una historia sobre perseverancia, esperanza y coraje, para nunca darse por vencido. Una aventura increíble. Es la historia de la Revolución cubana.

Capítulo 1: Joya de la corona española

La historia de la Revolución cubana es una continuación a la historia de la lucha de Cuba por la verdadera independencia, una lucha que comenzó en el siglo XV. Hubo varios levantantamientos e intentos de tomar el control de Cuba, y fue con la revolución que la isla se vio sola por primera vez.

O tal vez esa afirmación sea un poco inexacta. Hubo un tiempo, hace cientos de años, antes de Cristóbal Colón, antes de los españoles, antes de todo esto, en que Cuba era verdaderamente independiente, una isla que no pertenecía a nadie más que a su propio pueblo. Este fue el tiempo de los taínos.

Pueblo de la Cuba libre

Los primeros habitantes de Cuba se trasladaron allí desde América del Sur en algún momento del siglo XI. Estos habitantes, los guanajatabeyes, eran una tribu primitiva de cazadores-recolectores que vivían principalmente de moluscos y vivían pacíficamente en pequeños grupos a lo largo de la orilla del mar. No se sabe mucho sobre estas personas. Se mantuvieron aislados, tomando poco de los recursos de la isla y dejando poco en el camino. Desde entonces, el tiempo ha borrado casi todo rastro de su existencia.

Aproximadamente doscientos años después de que los guanajatabeyes viajaran a Cuba, fueron perseguidos por un grupo más avanzado de indios arawaks: los taínos. Eran agricultores y cazadores, y tenían una sociedad complicada, como una especie de mitología compleja. Los taínos fueron los primeros en jugar con una pelota de goma o fumar un cigarro. El tabaco era uno de sus cultivos más importantes, al igual que la yuca, una especie de tubérculo parecido a la papa que se podía cosechar y transformar en harina. Se usaba para hacer pan de yuca, un alimento básico en muchas áreas de África y América Latina. Alimento que existe hasta la actualidad.

Los siboney eran una tribu similar de personas que poblaron el oeste de Cuba; estos eran un subgrupo de los taínos, pero un poco menos avanzados que los taínos clásicos que habitaban las partes oriental y central de la isla.

Los taínos eran un pueblo amante de la paz, aunque declararon la guerra a las tribus caribes vecinas, que venían de América del Sur. Coexistieron bastante bien con los guanajatabeyes. No fue una sorpresa que recibieran a los exploradores europeos con los brazos abiertos, sin saber que la llegada de los exploradores presagiaba el final de sus pacíficas vidas.

Primer contacto con los europeos

Cristóbal Colón desembarcó en las costas de Cuba el 28 de octubre de 1492 pensando que era la India.

El explorador español había partido desde España dos meses antes con tres barcos y una banda de marineros nerviosos, dirigiéndose hacia el oeste hacia el aparente vacío en una búsqueda para establecer una nueva ruta comercial hacia Asia. Estaba seguro de que tenía que haber una manera más fácil de llegar a Asia que navegando alrededor de África. Considerando que ahora era de conocimiento común que la tierra era redonda, si navegaba lo suficientemente lejos hacia la dirección opuesta, eventualmente acabaría al otro lado del mundo. Fue una idea ambiciosa en ese momento, y habría funcionado perfectamente si no hubiera sido por un pequeño problema: Estados Unidos estaba en el medio.

Cuando los exploradores llegaron, Colón estaba convencido de que La Española, la primera tierra que avistaron, era una isla frente a la costa de Asia y que Cuba era una península del propio continente. Fueron recibidos por un grupo de personas amistosas de piel oscura a quienes Colón inmediatamente llamó "indios", un nombre que todavía se usa para llamar a los nativos americanos.

Los taínos recibieron con alegría a los exploradores españoles. Creían que estas personas de piel clara eran servidores de su dios de la luz, Yucajú, y los trataban con hospitalidad y respeto. Les ofrecieron a los exploradores tesoros de su mundo (maíz, yuca y tabaco) para cambiarlos por trozos de vidrio y otras pequeñas chucherías. Pero había dos cosas acerca de los taínos que realmente llamaron la atención de Colón. Lo primero, escribió al rey y la reina españoles, era su amabilidad y generosidad, rasgos que los convertirían en buenos "servidores". Lo segundo era el oro. Tanto hombres como mujeres tenían collares y aretes dorados brillando sobre su piel, y Colón sabía que acababa de tropezar con una real mina de oro.

La conquista de Cuba

Colón dejó un pequeño asentamiento en el Nuevo Mundo antes de navegar de regreso a España. Regresó con sus barcos repletos de nuevos tesoros de las Américas, incluidos algunos taínos. Encantada con su descubrimiento, la Corona española lo envió de regreso en un segundo viaje al año siguiente. Se le ordenó ser amigable con los nativos y establecer una buena relación con ellos. Era una orden que Colón y sus hombres ignorarían por completo.

La navegación española hacia el Nuevo Mundo pasó de ser mera exploración a pura conquista. En lugar de entablar amistad con los taínos y otros nativos, decidieron explotarlos y atacarlos. No es exagerado decir que los españoles acabaron completamente con la civilización de los taínos. Cuando los conquistadores llegaron por primera vez en la década de 1490, había veintinueve caciques taínos que gobernaban a más de 350 000 cubanos. Hacia 1550, quedaban menos de quinientos taínos.

La conquista comenzó realmente en 1514, comandada por Diego Velázquez, quien luego se convertiría en el primer gobernador de Cuba. Esta conquista diezmó a los taínos. Los que resistieron fueron masacrados, los que no lo hicieron fueron esclavizados duramente y trabajaron hasta la muerte. Las mujeres fueron violadas o forzadas a casarse con marineros españoles. El asesino más devastador fue la enfermedad. La viruela y otras enfermedades que llegaron de Europa eran completamente ajenas al sistema inmunológico taíno.

Para mediados del siglo XVI, los taínos habían desaparecido. Sebastián de Ocampo había circunnavegado la isla y se había establecido como colonia española del Nuevo Mundo. Los indios no eran indios después de todo, pero ahora importaba poco porque la mayoría de ellos habían muerto. Solo quedaron unos pocos, y finalmente se les dio un poco de tierra y algunos derechos bajo las Nuevas Leyes españolas aprobadas para proteger a los nativos en 1542.

Cuba pertenecía oficialmente a España. Y continuaría así durante más de trescientos años.

Cuba española

Al principio, España prestó poca atención a Cuba. La Corona española estaba más interesada en el oro, la plata y otros metales preciosos presentes más abundantemente en La Española, Brasil y Perú que en la propia Cuba. Sin embargo, rápidamente se hizo evidente que Cuba tenía un gran tesoro natural que facilitaría el comercio entre el Viejo y el Nuevo Mundo durante siglos: la bahía de La Habana.

La Habana fue uno de los primeros asentamientos que se estableció en la isla y sigue siendo la ciudad más importante en la actualidad. La bahía natural era una parada de descanso perfecta para los barcos comerciales en su camino de regreso a Europa. El asentamiento también les proporcionaba necesidades prácticas para cruzar el vasto océano, artículos como comida, madera y agua. A medida que comenzó a producirse más y más comercio entre las Américas y Europa, La Habana cobró importancia hasta convertirse en la parada obligatoria donde todos los buques mercantes españoles se reunían antes de su viaje a casa en la famosa Flota del Tesoro Español.

Cuba pagaba ese precio, ya que importantes ciudades como La Habana y Santiago de Cuba eran saqueadas y quemadas regularmente por piratas saqueadores. Sin embargo, se recuperó de cada golpe, y para el siglo XVIII, La Habana era una ciudad fuertemente fortificada conocida como la llave hacia el Nuevo Mundo.

La propia isla también demostró rápidamente ser un activo lucrativo para España. El tabaco fue una de sus primeras exportaciones importantes, pero su importancia fue rápidamente eclipsada por uno de los alimentos más lujosos y caros de la época: el azúcar. El clima de Cuba era perfecto para el cultivo del azúcar y se convirtió en un importante rubro de exportación al Viejo Mundo. De hecho, después de la Revolución haitiana de 1791, Cuba se convirtió en el principal productor de azúcar del mundo.

El azúcar hizo que la economía de Cuba se disparara, pero tuvo un lado oscuro y sangriento que ha dejado una cicatriz permanente en la historia: la esclavitud.

Esclavitud cubana

Ya a mediados del siglo XVI, se hizo evidente que Cuba se estaba quedando sin mano de obra. Los taínos estaban desapareciendo y emplear españoles era caro, por lo que los propietarios de las plantaciones recurrieron a la mano de obra más barata disponible: Esclavos africanos.

El primer esclavista llegó a Cuba en 1526, con un cargamento de hombres y mujeres que —hace solo unos meses— llevaban una vida normal, libre, con hogares y familias, trabajos y negocios. Ahora no eran más que mercancía. Muchos de ellos ya habían muerto en el brutal viaje a través del Atlántico. Algunos murieron de hambre, otros sucumbieron a las enfermedades europeas para las que no tenían inmunidad, y algunos se arrojaron al mar, considerando que la servidumbre era peor que la muerte. Los que habían sobrevivido estaban destrozados y nostálgicos, y ahora estaban a punto de entrar en los horrores de una vida en la que no tenían derechos, opciones ni voz.

Durante más de trescientos años, Cuba confiaría gran parte de su industria azucarera en los hombros heridos de los esclavos azucareros. Estos esclavos soportaron una existencia intolerable. Fueron azotados, muertos de hambre, violados y maltratados de todas las formas imaginables. Trabajaban 20 horas al día con raciones lamentables y, si bajaban el ritmo, los golpeaban.

Las espantosas condiciones que tuvieron que soportar los esclavos azucareros se pueden resumir en un solo número: ocho. Esta era la cantidad de años que se podía esperar que un esclavo, incluso un adulto joven, la edad más comúnmente comercializada, se mantuviera con vida una vez que comenzara a trabajar en una plantación de azúcar.

Tiranía española

Los españoles, que habían tratado tan mal a los taínos, no mejoraron sus acciones con el paso de los años. Década tras década, continuaron explotando tanto a los cubanos nativos como a los esclavos africanos, e incluso después de que Gran Bretaña y Estados Unidos abolieran la esclavitud, los españoles seguían importando cientos de miles de esclavos a Cuba. En el auge del comercio de esclavos, un tercio de la población de la isla estaba compuesta por personas esclavizadas.

Sin embargo, no eran solo los esclavos los abusados por los opresores españoles. Los nacidos en Cuba, a menudo de raza mixta, vivían una lucha diaria en lo que era una de las islas más prósperas del Nuevo Mundo. Mientras la economía florecía, cerca del 90 % de las ganancias iban a parar a los españoles, que representaban solo el 8 % de la población. El descontento creció dentro de la población cubana. Sabían que estaban siendo explotados y muchos cubanos apoyaban la abolición, pero España se aferró obstinadamente al comercio de esclavos. A principios del siglo XIX, comenzaron a ocurrir pequeños levantamientos en toda la isla, principalmente en la provincia de Oriente, donde estaban ubicadas la mayoría de las plantaciones de azúcar. Todos los levantamientos fueron detenidos, y los métodos españoles de castigar a quienes se atrevieron a rebelarse —y de intentar extraer información de los sospechosos— se volvieron cada vez más brutales.

Para 1868, la tiranía española se había vuelto insoportable, y un abogado cubano y propietario de una plantación llamado Carlos Manuel de Céspedes decidió que había que hacer algo. Tenía que levantarse una rebelión organizada, mayor en número y más inteligente en estrategia que los dispersos intentos de revueltas que habían tenido lugar hasta entonces. Esta vez, esclavo y amo deberían unirse para lograr algo.

La lucha por la independencia

El 10 de octubre de 1868, Céspedes subió las escaleras de su molino azucarero, como hacía todas las mañanas. Y al igual que todas las mañanas, tocó el timbre de los esclavos para convocarlos a trabajar. Pero a diferencia de todas las mañanas, hoy sacaba una hoja de papel y unos clavos y dejaba el papel en la puerta del molino. Luego se volvió hacia sus esclavos y les dijo que todos eran libres.

Céspedes había escrito el Manifiesto del 10 de octubre, un manifiesto por la rebelión en la que él y algunos otros actores clave habían estado trabajando durante las últimas semanas. Estaba firmado por él y otras quince personas. El manifiesto hablaba de la independencia de España, la igualdad racial y la abolición de la trata de esclavos. "Nuestro objetivo es deshacernos del yugo español", decía, "y establecer una nación libre e independiente".

Fue una idea ambiciosa. La ambición se hizo evidente a medida que la guerra tomó lugar, dando a esta lucha fallida por la independencia el nombre de guerra de los Diez Años. En Cuba, se la conoce como la Gran Guerra. España hizo todo lo posible, utilizando ejecuciones brutales, a menudo de inocentes, y otras tácticas crueles en un intento de destruir al puñado de feroces rebeldes que surgían de la provincia de Oriente.

La guerra fue prolongada y decidida, pero en última instancia, los rebeldes simplemente no tenían los recursos para ganar. La lucha de los rebeldes decayó después de que el gobierno de la República de Cuba en Armas se derrumbó, provocando la destitución de Céspedes y, finalmente, su muerte. La guerra terminó en 1878. Algunos esclavos habían sido liberados, pero no hubo abolición, independencia ni victoria rebelde.

España podía relajarse, por ahora. La pelea acababa de comenzar.

Capítulo 2: Estados Unidos entra en escena

Durante casi cuatrocientos años, Cuba había pertenecido a España, un país a más de seis mil kilómetros de distancia. Sin embargo, también era vecino cercano de una de las mayores potencias del mundo: Estados Unidos.

Florida está a solo noventa millas de la costa cubana, y Estados Unidos había estado capitalizando durante mucho tiempo las riquezas de su pequeño vecino. Muchos estadounidenses tenían negocios o incluso vivían en la isla, y las relaciones comerciales eran buenas. Los periódicos, los políticos y el público estadounidense vieron con interés la lucha de Cuba por la libertad. España abolió la esclavitud más de veinte años después que Estados Unidos y ya era vista como una especie de enemigo a los ojos del estadounidense promedio. El heroísmo trágico de los rebeldes cubanos había comenzado a capturar la imaginación del público.

La lucha por la independencia no terminó con la guerra de los Diez Años. De hecho, solo estaba comenzando.

La pequeña guerra y la abolición de la esclavitud

En agosto de 1879, apenas un año después del final de la guerra de los Diez Años, los problemas volvieron a surgir en Oriente. El general de división Calixto García, un veterano de la guerra de los Diez Años, aún no había terminado la lucha contra España. Era uno de los pocos líderes rebeldes que se negó a firmar un pacto con España al final de la guerra y huyó a Nueva York para trabajar en una nueva rebelión. La guerra fue declarada el 26 de agosto de 1879. La lucha fue desmoralizante y completamente infructuosa. La moral y los recursos de la isla estaban tan agotados por una década de lucha que la última rebelión estaba condenada incluso antes de que comenzara. Terminó en septiembre de 1880 con una derrota total y recibió el nombre de "Guerra Chiquita".

Aturdidos por las repetidas derrotas, los cubanos continuaron trabajando bajo la opresión de sus ocupantes españoles. La gente se sintió atrapada, incapaz de levantarse, después de haber visto las terribles secuelas de las dos guerras a las que la isla acababa de sobrevivir. Fue pacíficamente —y bajo la presión de Gran Bretaña y Estados Unidos, no de los cubanos— que España finalmente abolió la esclavitud en 1880, aunque implementano el *patronato*: un sistema de servidumbre por contrato que obligaba a los esclavos "liberados" a pasar los siguientes ocho años trabajando para sus amos sin costo alguno. Teniendo en cuenta la esperanza de vida del esclavo azucarero promedio, esto era más de lo que la mayoría esperaba vivir. Sin embargo, la Corona española finalmente abolió por completo tanto la esclavitud como el *patronato* en 1886.

Aunque la esclavitud se iba, la igualdad racial era todavía una esperanza lejana. Los blancos alfabetizados superaban en número a los negros alfabetizados tres a uno. A los afrocubanos se les prohibió ciertos asientos en espacios públicos y ciertos trabajos o incluso profesiones enteras. Cuba tampoco estaba más cerca de la independencia, ya que España estaba decidida a aferrarse obstinadamente a la isla.

Sin embargo, aunque no hubo más intentos de levantamiento en los quince años siguientes (período denominado la "tregua gratificante"), los cubanos no habían abandonado su sueño de libertad. Había un joven escondido en México que no había renunciado a la independencia. Fue un poeta conmovedor y un líder apasionado llamado José Martí, y fue la chispa que encendería una tormenta de fuego que los españoles no podrían contener.

La Guerra de Independencia de Cuba

José Martí tenía apenas quince años cuando estalló la guerra de los Diez Años, pero su imaginación —y luego sus convicciones— fueron rápidamente capturadas por la causa rebelde. Sus padres eran inmigrantes españoles, pero su corazón era enteramente cubano. En 1869, a la edad de dieciséis años, sus apasionados escritos en apoyo a los rebeldes lo llevaron a la cárcel por primera vez. Lejos de disuadir a Martí, el encarcelamiento solo sirvió para hacerlo aún más decidido a liberar a su país de las cadenas con las que ahora se encontraba atado.

Martí huyó de Cuba poco antes del final de la guerra de los Diez Años, pasó tiempo en otras áreas de América Latina y finalmente aterrizó en Nueva York. Fue aquí donde comenzó a planear otra apuesta por la libertad, un plan que finalmente comenzaría a tomar forma en 1894. Ayudado por los militares Máximo Gómez y Antonio Maceo (el general que se había aferrado tenazmente al final de la guerra de los Diez Años), Martí inició la insurrección el 24 de febrero de 1895. Presentó el Manifiesto de Montecristi, que delineaba el plan rebelde para la victoria. El elemento clave del manifiesto fue la participación de todos los negros: un rasgo nada despreciable, teniendo en cuenta que los negros y mulatos (mestizos) constituían la mayoría de la población cubana en ese momento.

Otro rasgo importante de la nueva guerra, que se había descuidado en la guerra de los Diez Años, fue la destrucción de negocios y activos que apoyaban a los leales españoles. Mientras que los terratenientes privados españoles que no se opusieron a la insurrección se quedaron en gran parte solos, los campos de caña de los leales se incendiaron en un intento por nivelar los recursos.

La República cubana en Armas volvió a la vida y la lucha se reanudó en la provincia de Oriente, en dirección a las provincias occidentales, incluida La Habana, que los rebeldes sabían que tendrían que capturar si querían tener alguna esperanza de éxito. La esperanza creció cuando comenzó la guerra. Los 17 años de la tregua gratificante había permitido que la tensión y la pasión crecieran a fuego lento entre la gente una vez más, y se alzaron en una fuerza y un número que los españoles no habían podido anticipar.

En respuesta, España envió más de doscientos mil soldados a Cuba, encabezados por el general Valeriano Weyler. Weyler comenzó a emplear las tácticas más brutales en un intento por aplastar la creciente rebelión. Probablemente la peor fue los campos de concentración, cuya implementación se conoció como la Política de reconcentración. Los soldados españoles recorrieron el campo cubano, expulsando a las familias campesinas de sus tierras y obligándolas a refugiarse en horribles campamentos en las ciudades. Se destruyó el ganado y se abandonaron las cosechas; las personas en los campamentos no tenían forma de alimentarse apenas comían. Además, los soldados estaban recién salidos de Europa y portaban las mismas enfermedades que habían acabado con los taínos. La enfermedad se extendió por los campamentos matando a quienes habían sobrevivido al ataque de los españoles. Se estima que las tácticas de Weyler mataron hasta el veinticinco por ciento de la población cubana.

Por espantosas y drásticas que fueran las tácticas de Weyler, también estaban condenadas al fracaso. Aunque Martí fue asesinado pocos meses después de su llegada a Cuba, la insurrección siguió cobrando fuerza. La reconcentración solo sirvió para enfurecer a los cubanos, quienes se sumaban sin dudas a la causa de los rebeldes. La rebelión ganó impulso y comenzó a expandirse más y más hacia el oeste. A fines de 1897, España reconoció que no iba a someter a los rebeldes a golpes. En cambio, intentó pacificarlos. Weyler fue reemplazado y se implementó un nuevo gobierno en La Habana con políticas más indulgentes hacia los cubanos.

Esto no fue suficiente para los rebeldes. Para ellos, esta vez era independencia o nada.

Periodismo amarillo en los Estados Unidos

Los periódicos estadounidenses habían estado publicando artículos sobre la guerra de Independencia de Cuba desde su comienzo, y el *New York World* y el *New York Journal* estaban en una feroz competencia para vender la mayoría de los periódicos. William Randolph Hearst del *Journal* y Joseph Pulitzer del *World* estaban decididos a ganar dinero y vender periódicos por cualquier medio, y rápidamente se hizo evidente que la guerra en Cuba era la historia más candente. Cuba era un perdedor que parecía estar ganando, y los estadounidenses amaban esa historia. La independencia y la libertad también eran, entonces como ahora, cercanas y queridas por las mentes estadounidenses, por lo que los dos periódicos se propusieron convertir la guerra en una narrativa que sus lectores quieran escuchar. Como cualquier narrativa, necesitaba un villano, y España era el candidato perfecto.

De hecho, España trató a los cubanos con crueldad durante la guerra, pero quizás no tanto como los periódicos hicieron creer a los ciudadanos de Estados Unidos. En una práctica conocida como "periodismo amarillo", los escritores comenzaron a exagerar o incluso a fabricar historias sobre la brutalidad española para que sus lectores compraran más periódicos. El esfuerzo cubano fue retratado como el de una nación empobrecida que luchaba con valentía, pero que no podía esperar ganar por sí sola. No pasó mucho tiempo para que estas tácticas impulsaran al público estadounidense a presionar por la guerra. Estados Unidos estaba a treinta años de la guerra civil y había estado presentando un frente unido por esas décadas de paz. Había un gran deseo de demostrar su valía en la guerra con alguien que no fuera él mismo.

El presidente William McKinley, sin embargo, no estaba tan interesado en la guerra como su pueblo. Para empezar, él mismo la había experimentado durante la guerra civil y sabía que no era tan romántico como a algunos les hubiera gustado creer. Además, McKinley no podía declarar la guerra a una nación que seguía siendo una de las principales potencias europeas solo porque su gente quería.

Pero en febrero de 1898, los acontecimientos en la bahía de La Habana forzaron a McKinley a tomar una decisión. El USS *Maine* estaba a punto de explotar.

Recuerden el **Maine**

A fines de enero de 1898, los leales españoles en La Habana desataron un motín incontrolable. Los periódicos de La Habana habían comenzado a publicar artículos mordaces sobre el terrible trato del ejército español a los cubanos nativos, y los leales protestaron incendiando varias imprentas. Preocupado por la seguridad de los ciudadanos estadounidenses en La Habana, Estados Unidos respondió enviando uno de sus buques de guerra, el majestuoso USS *Maine* para anclarse en la bahía de La Habana. La mera presencia del barco fue un disuasivo más que suficiente para evitar que los españoles causaran más daño a los estadounidenses, y sus cientos de soldados disfrutaron de unas vacaciones.

Hasta la noche del 15 de febrero de 1898. La mayoría de los hombres estaban dormidos cuando, de repente y sin previo aviso, el *Maine* explotó. Una bola de fuego envolvió el barco, matando instantáneamente a muchos soldados. A pesar de los esfuerzos de rescate, muchos murieron quemados o se ahogaron cuando el barco en llamas se hundió hasta el fondo de la bahía.

La explosión fue la gota que derramó el vaso de los estadounidenses. 260 estadounidenses habían muerto y todos culpaban unánimemente a los españoles. Cuando una investigación estadounidense reveló que el *Maine* había sido volado por una mina, presumiblemente española, fue decisivo. El presidente McKinley declaró la guerra en abril de 1898 y los Estados Unidos marcharon contra España en Filipinas, Puerto Rico y Cuba.

Guerra Hispanomericana 1898

En este punto, los rebeldes ya habían empujado a España casi al límite. Contrariamente a lo que se le había hecho creer al estadounidense medio, los rebeldes no solo estaban ganando, sino que ya casi habían ganado. España se aferraba muy débilmente a Cuba. Sus recursos finalmente sufrían la tensión de décadas de guerra a lo largo de sus fronteras y colonias, y cuando los poderosos Estados Unidos trajeron su armamento avanzado y un gran número a la lucha, España supo que había sido derrotada incluso antes de que comenzara la guerra.

La guerra hispanoamericana duró solo hasta el 17 de julio de 1898, menos de tres meses en total. La victoria estadounidense fue enérgica, decisiva y solo costó algunas bajas. Los rebeldes cubanos acogieron con alegría la asistencia y orientación de su vecino masivo, no solo para obtener la victoria, sino para establecer la isla como un país independiente.

Si bien Estados Unidos anexó Puerto Rico y estableció un gobernador sobre Cuba, se prometió que tan pronto como la isla estuviera lista, se le otorgaría la independencia. Comenzaron los preparativos para redactar una constitución, establecer un nuevo gobierno a partir de los restos desgastados por la batalla de la República cubana en Armas y celebrar las primeras elecciones generales para la nación recién liberada.

En diciembre de 1901, tuvo lugar la elección, el comienzo de la breve democracia de Cuba. Tomás Estrada Palma, uno de los políticos que también había participado en la obtención de la ayuda de Estados Unidos durante la guerra, fue elegido primer presidente de Cuba. Al año siguiente, con el gobierno firmemente establecido, Estados Unidos retiró su ocupación de la isla. Cuba fue por fin independiente.

Pero su democracia no duraría mucho. Una línea de dictadores estaba lista para explotar al pueblo una vez más. Y posiblemente el peor de todos ellos acababa de nacer en Banes, Cuba. Hijo de dos personas afectadas por la pobreza y quienes nunca habrían sabido que su hijo se convertiría en el terror de Cuba.

El nacimiento de Batista

Ningún dictador tuvo un comienzo tan improbable como el de Fulgencio Batista. Su vida cambió por completo desde su nacimiento hasta el momento en que tomó el poder. Más que dar la vuelta la página, arrancó de raíz un bosque entero. De hecho, cuando nació, ni siquiera se llamaba Batista.

Nacido en una finca a veinte millas de Banes, era hijo de un ex sargento del ejército rebelde llamado Belisario Batista Palermo y de su amante, Carmela Zaldívar. Belisario Batista no estaba casado con Carmela, y cuando nació su hijo, se negó incluso a permitir que el niño fuera registrado con su apellido. Carmela quedó sola para nombrarlo, registrarlo y criarlo. Ella lo llamó Rubén Zaldívar, dándole su apellido porque su padre no lo quería.

El joven Rubén era mulato y su ADN da testimonio de casi todas las razas de personas que habían contribuido a la historia mixta de Cuba. Había sangre taína allí, la sangre de los pacíficos "indios" que habían dado la bienvenida a los españoles y que murieron en sus manos. Había también algo de sangre española, esa raza que había descubierto una joya del Caribe y la había conectado con el resto del mundo. También sangre africana, la influencia de los esclavos que habían sido arrastrados por el Paso Medio en las condiciones más horrendas para trabajar en los campos de caña y producir un lujo opulento para los ricos. Incluso había algo de sangre china en él, como resultado de los trabajadores contratados que habían sido enviados a Cuba desde China para reemplazar a los esclavos emancipados (irónicamente, considerando que Colón había pensado originalmente que Cuba *era* una península de China). Era una combinación de razas diferentes, un hijo ilegítimo y miembro de una familia empobrecida y, por lo tanto, rechazado no solo por su padre, sino por una sociedad que aún se tambaleaba por los golpes de la guerra.

Una cosa era segura. Rubén Zaldívar era todo cubano. Y aunque, por ahora, era solo un niño infeliz en una comunidad pobre, iba a convertirse en un hombre que cambiaría el curso de la historia cubana. Para siempre.

Capítulo 3: La aparición del sargento Batista

Ilustración 1: Postal de una estación de ferrocarril en Santa Clara, cerca del año 1900

El pequeño Rubén tenía solo siete años, pero no era ajeno al concepto de trabajo. Solo tenía unos cuatro o cinco años cuando comenzó a ayudar a su madre en su trabajo en los campos como obrera agrícola. Pero ahora, su madre había decidido trasladarse al pueblo de Banes, alejándose del campo. Esperaba poder encontrar un mejor trabajo como empleada doméstica o limpiadora y que Rubén pudiera ir a la escuela y recibir la educación que probablemente nunca tuvo bajo el régimen español.

Mientras Rubén y su madre viajaban por el campo hacia Banes, vieron a algunos soldados estadounidenses a lo largo del camino. Aunque los soldados estadounidenses se habían retirado originalmente en 1902, Cuba estaba una vez más plagada de militares estadounidenses. La independencia resultó no ser tan fácil como parecía. El primer mandato de Tomás Estrada Palma había sido controvertido, pero pacífico. Había mejorado la infraestructura en toda la isla, había comenzado a restaurar un país que había sido devastado por décadas de guerra y también mejoró la educación, una de las únicas razones por las que un niño pobre como Rubén podía recibir una educación. Pero muchos criticaron sus relaciones con Estados Unidos. Para empezar, había sido elegido presidente solo cuando su único oponente se retiró quejándose de que Estados Unidos mostraba favoritismo hacia Palma. Palma había acordado con la Enmienda Platt, que le dio a los Estados Unidos rienda suelta para hacer lo que quisieran en Cuba. Para empezar, arrendó permanentemente a Estados Unidos la bahía de Guantánamo para usar como base naval. Y, lo que es más importante, también le dio a Estados Unidos el derecho a intervenir militarmente para proteger los intereses estadounidenses en la isla.

Esto es exactamente lo que sucedió. La segunda elección presidencial cubana en septiembre de 1905 fue arreglada. Palma y sus asociados querían asegurarse de permanecer en el poder durante el próximo mandato. Esta vez, su oponente no se dejó intimidar tan fácilmente; José Miguel Gómez, líder del Partido Liberal, había sido un líder en la guerra de Independencia de Cuba y no iba a ceder frente a un mero político como Palma. También era popular entre la gente, que lo veía como un héroe de la guerra que los había liberado de las garras de hierro de España. Cuando se hizo evidente que era probable que Gómez ganara las elecciones, el Partido Conservador de

Palma las manipuló. Gómez perdió, pero él y sus seguidores sabían exactamente lo que había sucedido.

Al principio, parecía que a Palma se le permitiría cumplir su segundo mandato ilegal en paz. Pero en agosto de 1906, los liberales se levantaron en una revuelta violenta que amenazó con derrocar al gobierno por completo. Tanto el gobierno como los revolucionarios se volvieron hacia Estados Unidos, clamando por ayuda. Palma creía que Estados Unidos sería su aliado debido a su implementación de la Enmienda Platt. Gómez apeló al ideal estadounidense de elecciones libres y justas, queriendo que el poderoso vecino de Cuba supervisara las elecciones para evitar que sean manipuladas nuevamente.

El presidente Theodore Roosevelt, cuyos Rough Riders habían sido parte de la fuerza estadounidense que obtuvo la independencia de Cuba solo unos años antes, inicialmente se mostró reacio a ayudar a cualquiera de las partes. Sin embargo, consintió en enviar a William H. Taft, entonces secretario de Guerra, a Cuba para evaluar la situación.

El 28 de septiembe de 1906, dos cosas eran evidentes: los norteamericanos iban a tener que intervenir y Palma no iba a conseguir apoyo de ellos. Al ver que no tenía esperanzas de vencer a una fuerza combinada de estadounidenses y liberales, Palma renunció. Estados Unidos invadió unos días después, desembarcando el 6 de octubre 1906, y los liberales —que sabiamente reconocieron que esto era una buena señal para su causa— se rindieron inmediatamente. Una semana después, Charles Edward Magoon se convirtió en gobernador provisional de Cuba.

Conocida como la Pacificación Cubana, esta acción militar fue casi en su totalidad pacífica. Se impuso una estricta disciplina y se exigió obediencia al gobierno actual, pero hubo poca resistencia. En cambio, los estadounidenses centraron su atención en construir carreteras y mantener a los cubanos lo más tranquilos posible, recordándoles que poner un pie fuera de lugar sería una medida imprudente frente al poder de los Estados Unidos.

Para el 25 de mayo de 1908, Magoon confiaba en que la situación en Cuba era lo suficientemente estable como para abrir una ronda de elecciones. Estados Unidos los supervisó y, por supuesto, Gómez fue elegido presidente ese mismo año. En febrero de 1909, se retiraron las últimas tropas estadounidenses.

Sin embargo, Rubén no era muy consciente de estas cosas. Se aferró a la mano de su madre mientras caminaban por la ciudad, buscando una vida mejor para ambos. Quizás miró a los soldados estadounidenses con sus uniformes relucientes y pensó cómo representaban todo lo que él no tenía: poder, importancia, una barriga llena todas las noches. Es posible que sus encuentros con estos espléndidos soldados —tan cautivadores para la imaginación de un niño de siete años— sirvieran de inspiración para que, años después, llegara al ejército cubano.

Por el momento, Rubén asistía a una escuela pública en Banes. Su madre fue a trabajar como empleada doméstica en la casa de la familia Díaz-Balart, y Rubén demostró ser un buen estudiante. Consiguió una beca para asistir a clases nocturnas en una Escuela Cuáquera de Amigos. La escuela era dirigida por misioneros estadounidenses, quienes comenzaron a enseñar al joven Rubén a hablar y escribir en inglés. Pronto, se había ganado la reputación de gran lector.

Rubén tenía once años cuando Cuba volvió a tener problemas. El mandato de Gómez había llegado a su fin, y con las elecciones de 1912 en el horizonte, el Partido Independiente de Color —un partido político afrocubano— redobló sus esfuerzos por ganar las elecciones. Se formaron en 1908, año en que Gómez fue elegido presidente, y habían pasado los últimos cuatro años ganando poder. Si bien la esclavitud había sido abolida hace mucho tiempo, los afrocubanos todavía se encontraban en segundo plano frente a sus conciudadanos blancos. A pesar de que los cubanos negros constituían las tres cuartas partes del ejército de liberación que liberó a Cuba, el PIC argumentó que los afrocubanos no estaban siendo reconocidos por sus esfuerzos en la guerra de Independencia. No tenían las mismas oportunidades que los blancos, y la idea de la supremacía blanca todavía prevalecía.

Dado que la mayoría de los cubanos aún era negra, el Partido Liberal que estaba en el poder en ese momento bajo Gómez sabía que, si el PIC realmente ganaba el poder, podría convertirse en el partido gobernante en Cuba. Tratando de reprimir el movimiento, un senador liberal aprobó una enmienda que prohibió cualquier partido que se formara por motivos raciales, independientemente de la raza que fuera. Los líderes del PIC no hicieron caso de esta nueva enmienda, fueron arrestados de inmediato y el PIC se disolvió oficialmente.

Pero los miembros del PIC aún no habían terminado. El 20 de mayo de 1912, año de las próximas elecciones presidenciales, se levantaron en una revuelta armada. La revuelta fue dirigida por Evaristo Estenoz, que tenía mucha experiencia en rebeliones. Había sido teniente en la guerra de la Independencia y general en el levantamiento de 1906. Ahora se encontraba levantándose contra los mismos liberales cuya causa una vez había promovido. A pesar de su encarcelamiento en 1910 y la disolución oficial de su partido, Estenoz reunió a sus hombres y comenzó una manifestación armada que sembró terror en el gobierno cubano. Se desplegaron tropas cubanas para contener el ataque y se pidió ayuda a Estados Unidos. El tío Sam, en ese momento, todavía estaba sumido en su período de segregación racial. La idea de que una persona negra se postulara a la presidencia era ajena a esta nación, y así, el 25 de mayo, las primeras tropas estadounidenses fueron enviadas a Cuba para ayudar a frenar la rebelión.

Con una duración de poco más de un mes, la rebelión fue detenida de manera sangrienta y cruel. A pesar de la dura lucha del PIC, fueron superados en número y rápidamente abatidos. El propio Estenoz fue asesinado el 27 de junio, tras lo cual el movimiento perdió impulso. Se desplegaron 2 500 soldados estadounidenses y unos 5 000 afrocubanos fueron masacrados. El PIC no solo estaba fuera de las elecciones presidenciales, la mayoría de sus miembros habían sido asesinados.

En las elecciones de noviembre de 1912, Mario García Menocal, líder del Partido Conservador, fue elegido como presidente. Se restauró una relativa paz en toda la isla. Pero para el joven Rubén Zaldívar, el mundo estaba por acabar.

Aún despreciado y rechazado por su padre, la única verdadera aliada de Rubén era su madre, Carmela Zaldívar. Ella era su campeona y proveedora, a pesar de que solo tenía quince años cuando nació Ruben. Fue a ella a quien acudió en busca de amor y cuidado, y aunque tenía otros tres niños que criar, su relación conRubén fue fundamental. Aunque era pobre, por lo menos tenía a Carmela. Ella era su amiga más cercana. El apodo que le dió, "Beno", era prueba de su cariño y afecto.

Pero no la tendría por mucho más tiempo. En 1915, tres años después del mandato de Menocal, ocurrió la tragedia. Carmela Zaldívar murió. Rubén tenía solo catorce años, y con su madre desaparecida y su padre distante como siempre, se sentía verdaderamente solo en el mundo. Su padre inmediatamente trasladó a los cuatro niños, la mayoría de ellos ilegítimos, de Banes a la plantación de azúcar donde trabajaba como cortador de caña. Como hijo mayor, Rubén no tuvo más remedio que abandonar sus estudios e ir a trabajar a los campos de caña con su padre. Pero duró mucho. A los pocos meses, se dedicó a la contabilidad y al pesaje de caña en la oficina. A los otros niños los enviaron a vivir con amigos y familiares mientras su padre continuaba trabajando en la plantación. Pero el enorme vacío que Carmela había dejado no podía llenarse con ninguna cantidad de trabajo. Quería escapar. *Necesitaba* escapar. Cuando tenía quince años, eso fue exactamente lo que hizo, caminar hacia el oeste desde Banes hacia un futuro incierto.

Mientras tanto, Menocal se postuló nuevamente para presidente en las elecciones de 1916. La elección fue arreglada. La violencia política estalló en todo el país y cincuenta personas murieron antes de que Menocal saliera victorioso. Mientras Cuba experimentaba un auge económico, la moral del país seguía cayendo. Después del gran logro de la independencia, la gente luchó con líderes corruptos durante más de una década, y Menocal no fue la excepción. El nepotismo era una de sus especialidades particulares, y aunque Cuba se enriquecía, su gente no estaba satisfecha.

Al igual que Gómez, todavía líder del Partido Liberal. En febrero de 1917, organizó otra revuelta armada contra el gobierno conservador. El caos se desató en toda la isla, centrada en las provincias orientales de Camagüey, Santa Clara y Oriente. Una vez más, tanto los rebeldes como el gobierno pidieron ayuda a los Estados Unidos. Estados Unidos estaba enfocado en la Primera Guerra Mundial, con muchas tropas luchando en Europa, pero algunas tropas fueron enviadas a Cuba en apoyo del gobierno. La corta rebelión terminó a mediados de abril y dejó quinientas muertes. Ese mismo mes se llevó a cabo otra ronda de elecciones y Menocal fue reelegido. Esta vez, nadie se atrevió a oponerse a él, y mantuvo el control de la isla.

Rubén todavía estaba en las provincias orientales de Cuba en ese momento, principalmente en Oriente, pero tenía poca conciencia de la creciente rebelión. Tenía asuntos más urgentes que atender: las necesidades de supervivencia. Su primera parada después de dejar Banes fue la casa de su tía materna, Candida Zaldívar, que vivía en una granja de naranjos. Rubén se puso manos a la obra ayudando a recoger y empaquetar las naranjas, pero pronto descubrió que quedarse allí era insoportable. Cándida hablaba de Carmela todo el tiempo e incluso se refería a él como "Beno", al igual que su madre. Pero ella no era su madre. Su madre se había ido y él no sabía a dónde correr para escapar de esa realidad. Abandonó la granja de naranjos y regresó brevemente a Banes justo cuando estallaba la rebelión en Santa Clara. Pero su padre todavía lo odiaba y su madre estaba muerta. A las pocas semanas, Rubén se alejó una vez más. Dejó atrás su casa, su familia e incluso su nombre de pila. No soportaba que lo llamasen Beno, por lo que abandonó su primer nombre, Rubén, y comenzó a presentarse a los demás con su segundo nombre: Fulgencio.

Esta vez, decidió alejarse de la industria agrícola que había mantenido a su familia durante años. En cambio, centró su atención en una nueva perspectiva: el ferrocarril. Un magnate estadounidense había establecido este nuevo ferrocarril de La Habana a las provincias orientales no mucho antes, reemplazando una ruta comercial que antes se transitaba casi exclusivamente en carruajes de caballos y carretas de bueyes. El tren era más rápido y más fuerte, por lo que cientos acudieron en masa para trabajar en él. Mejor aún, la mano de obra estaba sindicalizada. Los trabajadores del ferrocarril tenían derechos con los que los trabajadores agrícolas solo podían soñar. Para Fulgencio, que no tenía hogar en ese momento, esto parecía una oportunidad increíble.

Pasó semanas merodeando por las estaciones de ferrocarril, durmiendo en cualquier rincón que pudiera encontrar, jugando a los dados para comer y tratando de encontrar *alguien* del ferrocarril que simplemente se arriesgaría con él. Logró persuadir a un conductor para que lo llevara escondido a Antilla, una ciudad portuaria en la costa este. Fue aquí donde Fulgencio se encontraría cara a cara con la tumultuosa política de su país por primera vez. Los trabajadores ferroviarios inmigrantes españoles estaban participando en una violenta huelga contra la United Fruit Company. La empresa estaba buscando cubanos para reemplazar a estos españoles tercos, pero Fulgencio se negó a aceptar el trabajo y decidió unirse a la huelga.

Durante años, fue y vino del ferrocarril a la agricultura en busca de su próxima comida. Su sueño era el ferrocarril, pero se encontró cosechando caña de azúcar y naranjas más de una vez. Se sintió como un gran avance cuando, a fines de 1918, finalmente encontró un empleo permanente en el ferrocarril y comenzó a viajar por toda la isla. Al principio, Fulgencio trabajó como guardafrenos y ascendió hasta convertirse en director en prácticas. Fue mientras realizaba este trabajo que se cayó de un tren en movimiento y casi muere. Su pierna derecha estaba gravemente herida y estuvo sin trabajo durante semanas, yaciendo en un hospital de Camagüey mientras se recuperaba. En un momento, parecía que la pierna incluso tendría que ser amputada, pero los médicos lograron salvarla, aunque llevaría una fea cicatriz púrpura en esa extremidad por el resto de su vida.

Una vez recuperado, Fulgencio volvió a trabajar en el ferrocarril, pero no por mucho tiempo. El cambio se vislumbraba en el horizonte. Los ferroviarios continuaban haciendo huelga y protesta. Fulgencio no participó en la mayoría de ellos, pero esto significó que el empleo en la industria era desordenado y lleno de violencia. Su trabajo en el ferrocarril había proporcionado a Fulgencio la independencia. Aún así, quería mejorar su situación y educación tanto como fuera posible. Era el momento de un cambio, y cuando Fulgencio consideró sus opciones, recordó a esos soldados uniformados que había visto en Banes cuando era niño. Lo habían inspirado y, aún más importante, ahora estaban mejor pagados.

Fulgencio estaba decidido. Iba a unirse al ejército. En 1921, compró un boleto de tren a La Habana y disfrutó del tren como pasajero y no como obrero. Alfredo Zayas era presidente de Cuba, había sido elegido en una de las pocas elecciones pacíficas de Cuba, supervisada de cerca por Estados Unidos para evitar otro desastre. La isla estaba más o menos en paz, pero siempre había espacio para más en el ejército, ya que los disturbios nunca estaban del todo apagados. Fulgencio no tuvo dificultades para inscribirse una vez que llegó a La Habana.

Sin embargo, era más que un nuevo trabajo para el joven. Ahora, con veinte años, sin haberse curado del todo de la agonía de perder a Carmela, estaba orgulloso de lo que había logrado. En solo cinco años, había pasado de ser un adolescente desamparado y sin hogar a un joven independiente y bastante exitoso, alguien que podía hacer lo que quisiera con su vida. Quería dejar atrás su feo pasado y comenzar algo nuevo, algo poderoso, algo próspero. Eso significaba que tenía que dejar atrás para siempre su identidad de Rubén Zaldívar —el hijo mulato ilegítimo, el niño mestizo sin madre, el niño que nadie realmente quería—.

Cuando le preguntaron cómo se llamaba, les dijo que era Fulgencio Batista.

Capítulo 4: la rebelión del sargento

La Habana era un mundo completamente nuevo para Fulgencio. Al haber crecido en el campo de las provincias orientales, quedó impresionado por el bullicio de la capital de Cuba. Ubicado en el Campamento Colombia, se quedó en el cuartel a las afueras de la ciudad, pero aún así pudo experimentar su caos y belleza.

El actual líder de Cuba, Alfredo Zayas, era poeta y pensador, a diferencia de los militares que habían sido presidente antes que él. Zayas fue un hombre profundamente intelectual que aspiraba a la paz y la tranquilidad. Aún así, la corrupción no era ajena a su gobierno, aunque era considerablemente menos corrupto que la administración inmediatamente anterior y posterior a él. Se enfrentó a lo que parecían ser probabilidades insuperables cuando fue elegido por primera vez en 1921: cuando los precios del azúcar se desplomaron enormemente después de la Primera Guerra Mundial, Cuba se vio en bancarrota. Aunque la solución de Zayas —un préstamo de cincuenta millones de dólares de los Estados Unidos— puede haber sido algo cuestionable, sin duda fue eficaz. Pudo mejorar en educación, libertad de expresión y comunicación, estableciendo la primera estación de radio de Cuba en octubre de 1922.

El turismo también florecía en La Habana en ese momento, y los estadounidenses acudían en masa a este paraíso tropical cerca de su casa. Los tiempos eran pacíficos, incluso buenos. Como resultado, Fulgencio no vio ninguna acción durante sus primeros dos años en el ejército. En cambio, le enseñaron mecanografía y taquigrafía. La taquigrafía era una habilidad vital en ese momento. Antes de que se usaran las grabadoras, una taquigrafía rápida y precisa era un activo valioso. Las habilidades también apelaron a las tendencias literarias de Fulgencio y rápidamente se estableció como uno de los mejores taquígrafos de la zona.

En 1923 Fulgencio decidió regresar por un tiempo a las provincias orientales, trabajando como supervisor en una plantación de azúcar durante unos meses. Regresó a Oriente como una persona muy diferente a la del niño medio huérfano que se había marchado tan desconsolado para unirse al ferrocarril en años anteriores. En ese momento, era solo hijo de un cortador de caña, de catorce años y completamente desamparado. Ahora, tenía veintidós años, era totalmente independiente y trabajaba como supervisor de hombres que realizaban el mismo trabajo que su padre realizaba cuando era niño. Fulgencio sintió que finalmente lo había logrado. Pero este fue solo el comienzo de sus éxitos.

No pasó mucho tiempo antes de que Fulgencio regresara al ejército. Y fue también por esta época cuando llegó a su fin la presidencia pacífica de Zayas y llegó al poder el primer dictador cubano: Gerardo Machado.

El general más joven de la guerra de Independencia de Cuba, Machado tenía solo veintisiete años cuando comenzó la ocupación estadounidense de Cuba. Aunque se dice que él y su padre habían sido ladrones de ganado antes de la guerra, algo que no se puede probar debido a un incendio sospechoso que destruyó los antecedentes penales en la zona, Machado inició una exitosa carrera política durante la ocupación, comenzando como alcalde de Santa

Clara. Se convirtió en presidente en 1924 después de ganar las elecciones contra el ex presidente Menocal.

Al principio, las cosas parecían prometedoras con Machado. Aunque todavía protegía el comercio con los Estados Unidos, estaba más dedicado a la idea de Cuba como un país independiente que su predecesor. En su presidencia se apreció la construcción de una carretera de setecientas millas, entre otras cosas. Mientras tanto, Fulgencio había regresado al ejército y estaba ganando fama como joven taquígrafo de primer nivel.

El año 1928 fue cuando el joven Fulgencio fue reconocido oficialmente como el taquígrafo más rápido de todo el ejército. Fue ascendido al rango de sargento de primera clase en el Campamento Colombia, solo un escalón por debajo del rango de oficial, aunque todavía era un hombre relativamente joven, solo tenía veintisiete. También fue el año en que la presidencia de Machado dio un terrible giro que acabí convirtiéndola en una dictadura. A lo largo de su presidencia, la actitud de Machado hacia cualquier oposición se había vuelto cada vez más dictatorial, un hecho que solo se agravó en el imaginario público cuando cambió la constitución para permitirse un mandato de seis años. Empleó la violencia y el soborno para expulsar a todos los demás candidatos presidenciales de las elecciones de noviembre de 1928 y asegurarse de ganarlas.

La gente ya estaba insatisfecha cuando ocurrió el desastre económico mundial: Wall Street se derrumbó en 1929. Los precios del azúcar cubano, que Zayas acababa de recuperar para recuperar la salud, cayeron drásticamente. Las protestas abiertas, algunas de ellas violentas, comenzaron a estallar en todo el país. La situación no mejoró con la decisión de Machado de crear una policía secreta, la "Porra", para aplastar estos levantamientos con todos los medios necesarios.

El escenario estaba preparado para una rebelión que derrocaría a un dictador, pero al mismo tiempo, convertiría a un joven sargento en un líder mucho peor. Sin embargo, al mismo tiempo, se estaban plantando las semillas para la última revolución cubana: una en Oriente y otra en Argentina.

Fidel Castro nació el 13 de agosto de 1926. Su primera infancia se parecía mucho a la de Fulgencio Batista. También nacido en las provincias orientales, y también de forma ilegítima, el pequeño Fidel también se crió en una plantación de azúcar. Su padre Ángel Castro y Argiz, propietario de una plantación de origen español, había luchado del lado español durante la guerra de la Independencia. Ahora, sin embargo, era realmente cubano. Fidel fue el tercer hijo de Lina Ruz González, una canaria que trabajaba en su casa y se convirtió en su amante a pesar de que era casi treinta años más joven que el padre de Fidel. A pesar de que Ángel Castro era muy rico en ese momento, Fidel pasó sus primeros años entre los hijos de los campesinos y se acostumbró a la pobreza.

Fidel tenía dos años y Fulgencio acababa de ser sargento cuando el tercer actor clave de la Revolución cubana nació en Rosario, Argentina, el 14 de junio de 1928. Hijo de la feminista rebelde Celia de la Serna y el espíritu libre Ernesto Guevara Lynch. Solo llevaban casados seis meses cuando Celia dio a luz a su primer hijo, un niño al que le dieron el nombre de su padre, Ernesto.

Tanto Fidel Castro como Ernesto Guevara eran aún pequeños cuando la dictadura de Machado alcanzó su extremo más cruel. Machado estaba arrestando a su oposición y sometiéndola a juicios injustos que solo acababan con encarcelamiento o ejecución, incluso para los inocentes. La indignación pública se estaba extendiendo rápidamente por toda la isla a medida que la brutalidad de Machado solo aumentaba. La policía y el ejército luchaban por mantener el control sobre un país cada vez más infeliz y que había pasado muchos años organizando revoluciones. A principios de 1933, Cuba tenía el aspecto de una isla en guerra. Sin voluntad de participar en otro despliegue de miles de tropas estadounidenses en esta maldita isla, el presidente Franklin D. Roosevelt envió al diplomático Sumner Welles para resolver la situación cubana. El guapo graduado de Harvard, Welles, hizo todo lo posible por restablecer las garantías constitucionales que Machado había suspendido para promover sus propios intereses, pero Machado no se cedió y Welles no tuvo más remedio que destituirlo de la presidencia en un intento por mantener la paz.

El intento fracasó. A pesar de que Machado fue destituido del gobierno, la gente todavía estaba muy resentida por el salvajismo reciente. Querían una rebelión, y una rebelión con Fulgencio Batista a la cabeza.

Fulgencio tenía treinta y dos años cuando Machado fue destituido y se instaló un nuevo gobierno provisional. El presidente provisional era Carlos Manuel de Céspedes y Quesada, hijo del Céspedes original que había tocado por primera vez su campana de esclavos para llamar a las armas a su país por la independencia. Welles esperaba que Céspedes gobernara el país durante el resto del mandato de Machado, permitiendo a Cuba reorganizarse en una posible democracia, pero no fue así. El presidente pudo haber sido reemplazado, pero a la mayoría de sus compinches corruptos se les permitió salir pacíficamente del país sin juicio o, lo que es peor, se les dejó en sus puestos. En particular, el ejército estaba repleto de oficiales de Machado, hombres que todavía estaban inmersos en los caminos de la crueldad y la opresión.

Machado huyó de la isla en agosto de 1933, reconociendo que ya no podía recuperar el control. Céspedes asumió la presidencia el 12 de agosto y gobernaría por poco menos de un mes. Si bien recuperó la constitución de 1901 y tomó medidas para eliminar la corrupción, simplemente no fue lo suficientemente bueno para la gente, particularmente para los soldados comunes. Seguían recibiendo órdenes de las mismas personas, oficiales en los que no confiaban y con los que no estaban de acuerdo. Peor aún, esos oficiales justos que habían sido destituidos por el corrupto régimen de Machado no fueron reincorporados. Otros motivos eran el pago atrasado y la falta de ascensos de buenos soldados que no eran amigos de Machado. La ira de los soldados creció cuando vieron que sus supuestos aliados, Estados Unidos, no los había liberado. Era hora de tomar las cosas en sus propias manos una vez más. Podría decirse que esta acción fue bastante prematura considerando que Céspedes recién había comenzado a intentar armar un país destrozado por años de gobierno corrupto y luego por una huelga general paralizante.

Como el mejor taquígrafo del ejército, Fulgencio había sido quien había registrado los muchos juicios corruptos y retorcidos. Había sido testigo de tantas sentencias injustas, había visto a tanta gente inocente arrastrada a una vida tras las rejas o incluso a la muerte. Esto lo enfureció, y también le abrió los ojos la reacción de los demás hombres. Quizás en ese momento Fulgencio vio la oportunidad que se le había presentado. Estaba hambriento de más autoridad y poder, más de lo que podía darle el rango de sargento. Nunca más quiso ser ese niño que nadie quería, y estaba a punto de mostrarle al mundo lo que podía hacer.

El 19 de agosto de 1933, asistió al funeral de un compañero sargento que había sido asesinado por Machado, y fue la oportunidad que necesitaba para hablar. En su discurso de ese día, Fulgencio emitió palabras conmovedoras y emotivas que capturaron la imaginación de los soldados. Puede que no haya visto acción, pero era uno de ellos. Un rostro familiar que conocían y en el que confiaban, y sus palabras los cautivaron. Era hora de oponerse a este régimen corrupto, les dijo Fulgencio. Era el momento de hacer un cambio para los alistados y, aunque todavía no lo sabían, para todo el país.

Fulgencio y un grupo de personas —en su mayoría militares de menor rango y algunos civiles, incluido un periodista, que sirvió para mantener a Fulgencio en contacto con el mundo civil— comenzaron a realizar reuniones en varios lugares de La Habana. Les dijeron a sus superiores que estas reuniones eran simplemente para planificar cómo hacer la vida mejor y más fácil para sus compañeros soldados, pero en realidad, estaban planeando derrocar a sus oficiales.

A fines de agosto, los preparativos para el golpe estaban completos. El 1 de septiembre, un huracán devastador azotó las provincias orientales de Cuba, causando daños terribles y desviando inmediatamente la atención del presidente Céspedes de la situación política que se estaba gestando. Dejó La Habana hacia Santa Clara para inspeccionar los daños y organizar trabajos de apoyo y reparación para las provincias en ruinas, brindando a Fulgencio y sus hombres la oportunidad perfecta para organizar el golpe que habían estado planeando durante semanas. Fulgencio convocó una reunión de soldados y sargentos en el Campamento Colombia el 4 de septiembre, planeando utilizar la reunión para ultimar los últimos detalles de su estrategia de mejorar las condiciones del hombre común en el ejército. Sin embargo, antes de la reunión, algunos de los oficiales se enteraron de lo que estaba a punto de ocurrir. En lugar de intentar reprimir el golpe, designaron a un joven —el capitán Mario Torres-Menier— para que asistiera a la reunión y escuchara lo que los hombres tenían que decir sobre sus quejas.

Los sargentos y otros soldados se sorprendieron considerablemente cuando Torres-Menier se presentó a la reunión, pero de todos modos lo dejaron entrar y de inmediato lo cuestionaron. Habían corrido rumores de que habría recortes salariales y que la gente iba a ser despedida, y eso puso a todos muy nerviosos. Los soldados comenzaron a acusar a Torres-Menier de ignorar sus pedidos. Estaba desconcertado no solo por la gran cantidad de hombres que asistieron a la reunión, sino también por la vehemencia con la que presentaron sus quejas.

Finalmente, Fulgencio se levantó y presentó un discurso más elevado. Habló de los derechos no solo de los soldados, sino de todos los ciudadanos de Cuba, y expresó su disposición a hacer sacrificios por toda la nación. Aunque ninguno de los hombres —y mucho menos Torres-Menier— apreció el alcance de su discurso, fue un presagio de lo que estaba por venir, un indicio de lo que Fulgencio estaba planeando realmente. En realidad, nunca se trató simplemente de mejorar las condiciones de los soldados. La revuelta que Fulgencio realmente quería liderar era contra todo el gobierno. Estaba decidido a demostrar que era más que su pasado, más que el mejor mecanógrafo del ejército, más que un simple sargento de primera clase. Fulgencio Batista quería el poder y estaba dispuesto a tomarlo con todo lo que tenía.

Torres-Menier finalmente salió de la reunión con el rabo entre las piernas, prometiendo presentar las quejas de los hombres al resto de los oficiales si le daban una lista formal de quejas. No le creyeron o, al menos, no le creyeron una vez que Batista les dijo que no debían hacerlo. Se suponía que los sargentos convocarían una reunión esa misma tarde para elaborar la lista formal, pero la lista nunca se presentó a los oficiales. En cambio, Batista pasó el día contactando a otros aliados en La Habana y la provincia de Matanzas, reuniendo sus tropas para la batalla. No buscaba una resolución pacífica, sino la guerra.

Aproximadamente a las ocho de la noche, Batista convocó una reunión masiva de sargentos y alistados en el cine del Campamento Colombia y les dijo que los oficiales habían ignorado sus pedidos. No había forma de que pudieran obtener lo que querían por medios tan pacíficos, les dijo. Tendrían que pasar a la acción.

"A partir de este momento", les dijo Batista, "no obedezcan las órdenes de nadie más que las mías".

Los hombres concordaron unánimemente. Se unificaron y se volvieron contra sus oficiales. Atravesaron el campamento y tomaron control sobre él. Los oficiales no tenían control sobre los hombres. Ampliamente superados en número, no ofrecieron resistencia a los sargentos.

La noticia del éxito de los sargentos en la toma del campamento se difundió rápidamente por toda La Habana, y otros que habían decidido oponerse al gobierno de Céspedes, especialmente al Directorio de Estudiantes, se apresuraron al campamento para apoyar a los sargentos. El Directorio de Estudiantes, en particular, reconoció rápidamente la importancia de la victoria. Sus líderes discutieron la posibilidad de aprovechar el impulso de la revuelta más allá del ejército y dentro de la ciudad, planeando derrocar a todo el gobierno. Batista no necesitó mucho para convencer; es posible que este haya sido su objetivo desde el principio. Él estuvo de acuerdo, y junto con los estudiantes, se sentaron esa misma noche a escribir un nuevo manifiesto político y armar un gobierno para su creciente rebelión.

Para la mañana del 5 de septiembre, la rebelión estaba siendo presidida por un gobierno de cinco hombres llamado Pentarquía. Estos hombres eran abogados, profesores de la Universidad de La Habana y un periodista. Batista no era uno de ellos, pero rápidamente se hizo evidente que todos realmente le respondían y no al revés. En pocos días, la Pentarquía se disolvió y uno de sus miembros se convirtió en presidente de Cuba: un profesor de la Universidad de La Habana llamado Ramón Grau San Martín. Batista fue nombrado jefe de las fuerzas armadas cubanas, y así comenzó su carrera como un poderoso político.

La presidencia de Grau no duró mucho. Su administración tenía un sabor nacionalista significativamente radical que Estados Unidos rechazó de inmediato, y Batista reconoció que Cuba aún necesitaba la ayuda del Tío Sam para impulsar su economía y darle un lugar para enviar su azúcar. La presión de Batista y Estados Unidos obligó a Grau a renunciar en enero de 1934, quien fue reemplazado por Carlos Mendieta de las Naciones Unidas, quien efectivamente fijó las relaciones entre Estados Unidos y Cuba.

Durante los siguientes seis años, presidente tras presidente se levantaban y caían, ninguno duraba mucho, ninguno tenía mucho impacto, y cada uno de ellos era efectivamente una marioneta, y era Fulgencio Batista quien sostenía los hilos. Había probado el poder y, en el espacio de unos breves meses, había pasado de ser el mejor taquígrafo del ejército al hombre que controlaba todo el ejército. Habiendo visto el caos que podía causar una rebelión en el ejército cubano, era evidente que cualquiera que controlara el ejército en realidad controlaba el país. Agradecido por las mejoras que Batista había hecho para los alistados —pagándoles mejor y siendo más rápido con los ascensos— el ejército le prestó un apoyo inquebrantable, independientemente de quién fuera el presidente del país.

Recién en 1940, después de otra rebelión militar, Batista finalmente sería presidente de Cuba. Pero la verdadera transformación tuvo lugar durante esa fatídica revuelta de 1933. Allí se convirtió en un héroe del pueblo, estableciéndose como un hombre que tenía el potencial de controlar una nación. Se sintieron alentados por las muchas mejoras que se hicieron después de la rebelión; por ejemplo, las mujeres pudieron votar por primera vez, se aumentó el salario mínimo y se derogó la Enmienda Platt que otorgaba tantos tesoros de Cuba a Estados Unidos.

Y así fue que, en 1940, en unas elecciones libres y justas, Cuba eligió a Fulgencio Batista como presidente. Pasarían años antes de que la isla se diera cuenta de su error.

Capítulo 5: Comienzo de la revolución

Ilustración 2: Batista en Washington, DC, en 1938

Cuando Batista se convirtió en el primer presidente de Cuba no blanco, la isla se encontró en un momento de mejora de la economía, pero con creciente corrupción. El primer mandato de Batista fue relativamente pacífico, incluso beneficioso para el pueblo cubano. Su adopción de la constitución de 1940 fue ampliamente aceptada por el pueblo, ya que tenía como objetivo mejorar las condiciones de vida de muchos cubanos al aumentar el salario mínimo, mejorar el acceso a la atención médica para todos e incluso eliminar la pena de muerte.

La constitución no le permitió a Batista postularse para un segundo mandato, y no intentó por oponerse. En 1944, después de haber cumplido un mandato pacífico como presidente, Batista se retiró sin ningún problema. Su sucesor —a quien él mismo había elegido y preparado para presidente durante algún tiempo— era Carlos Zayas, un abogado tranquilo y con gafas a quien Batista parecía haber elegido más por su voluntad de hacer lo que le decían que por cualquier otra cosa. Quizás el público supo ver esto, porque Zayas perdió rotundamente las elecciones. En cambio, Ramón Grau San Martín fue reelegido.

Todo esto no pasó desapercibido para un joven recién matriculado en la Universidad de La Habana: Fidel Castro. Entonces, con diecinueve años, el joven Fidel había pasado su infancia pasando de una escuela católica a otra. A diferencia del joven Batista, Fidel no fue muy académico cuando era niño. Se especializó en aterrorizar a sus maestros jesuitas, prestando más atención a los deportes que a la escuela.

Aun así, el padre de Fidel estaba decidido a que se hiciera algo con el niño. Animó a Fidel a que asistiera a la universidad y el joven se matriculó para estudiar derecho en la Universidad de La Habana en 1945. Inmediatamente se sumergió en el complicado mundo de la política estudiantil cubana. Los estudiantes de UH habían sido fundamentales en la rebelión de los sargentos y durante mucho tiempo habían sido una fuente de revolución política y cambio. Tanto es así que los presidentes cubanos corruptos en el pasado habían tomado medidas dramáticas para evitar la participación de los estudiantes en estos asuntos, como el cierre temporal de la universidad.

El hombre común, bastante pobre —especialmente el de las zonas rurales— en ese momento, consideraba La Habana como un centro de opulencia y lujo, así como de corrupción. La Habana de la década de 1940 fue un patio de recreo para los ricos, que, en ese momento, estaban compuestos principalmente por estrellas de cine estadounidenses y personas involucradas en el crimen organizado. De hecho, la infame Conferencia de La Habana, una reunión de jefes de la mafia de todo el mundo, particularmente de Estados Unidos, se celebró allí en 1946. Personas tan notorias como Meyer Lansky y Lucky Luciano construyeron hoteles y casinos en La Habana, donde recibieron serenatas de Frank Sinatra. Pero donde había crimen organizado, también había violencia. Los gánsteres se disparaban unos a otros en las calles, la prostitución y el tráfico de drogas eran moneda corriente, y los proxenetas caían asesinados en las esquinas mientras las guerras de pandillas se desataban por toda la ciudad.

Esta cultura del *gangsterismo* pronto se infiltró en los estudiantes de UH. Durante décadas, los estudiantes habían sido los manifestantes más apasionados, siempre los primeros en oponerse al gobierno. Muchos líderes, incluidos Machado y Grau, habían usado la violencia para reprimir a los estudiantes, los aterrorizaba enviando pandillas con las que estaban vinculados. Esto derivó en la formación de pandillas dentro de la propia universidad. Muchos grupos universitarios participaron en actividades delictivas, a menudo cometiendo actos violentos. Este fue el primer contacto de Fidel con la política y la guerra. Y descubrió que le gustaba. Comenzó a unirse a los comités políticos universitarios y a hacerse un nombre como orador público y líder dentro de la universidad, incluso comenzó a portar un arma e ir a todas partes con amigos armados cuando su vida estaba amenazada por otras pandillas en la universidad. Pero una cosa en la que Fidel nunca se involucró fue en el crimen. No buscaba el poder, buscaba algo más, una visión que perseguía para todo el pueblo cubano, para la humanidad en general, La pobreza que presenció en las zonas rurales donde creció, y la corrupción y la violencia que vio en la ciudad donde vivió, impulzaban los sueños de

Fidel. En un momento solo quería convertirse en un jugador de béisbol de las grandes ligas. Ahora, dejando los deportes de lado, se dedicó a sus estudios de derecho, esperando encontrar alguna forma de mejorar la vida de todos los cubanos.

La política estudiantil no fue suficiente para él. Aunque originalmente se afilió a múltiples grupos políticos estudiantiles de izquierda, Fidel quería algo más. Quería formar parte de un verdadero partido político. En 1947, tomó una decisión. Se unió al Partido Ortodoxo, el Partido del Pueblo Cubano, que estaba dirigido por Eduardo Chibás, un hombre carismático que pasó toda su vida en política. Fidel se sintió atraído por las ideologías de Chibás, que estaba en contra de la violencia y la corrupción y pedían una Cuba justa y libre. Eligió a Chibás para ser su mentor político y comenzó a aprender y crecer con él mientras continuaba sus estudios de derecho.

Mientras tanto, en Buenos Aires, Argentina, el joven Ernesto Guevara estaba comenzando su formación universitaria. Como Fidel, Ernesto había pasado la mayor parte de su infancia practicando deportes, a menudo alentado por sus cariñosos padres. Habían trasladado a toda su familia a las montañas de Argentina con la esperanza de que el aire más claro aliviara el asma de Ernesto, una medida que debió haber funcionado, ya que su hijo se convirtió en un exitoso atleta del colegio secundario. También mostró interés por la política desde muy joven, sumergiéndose en la lectura de las obras de William Faulkner, Karl Marx y otros.

En 1948, llegó el momento de que Ernesto se dirigiera a la universidad y decidió estudiar medicina en la Universidad de Buenos Aires. En ese momento, Argentina no era muy diferente de Cuba. Esta nación también se estaba recuperando de los golpes de la Gran Depresión. Su débil economía había provocado disturbios entre las masas. En 1943, Juan Perón tomó el poder en un golpe militar y gobernó Argentina por decreto. Bajo su gobierno, la economía se fortaleció y aumentó el acceso a la educación, pero su control férreo sobre el país fue reforzado por un ejército brutal que aplastó sin piedad a cualquier oposición. Como Fidel, Ernesto se sintió descontento con este estado de cosas. Incluso en su posición bastante privilegiada como estudiante de medicina, sentía que el régimen era opresivo y estaba decidido a explorar más el país y ver cómo era la vida de las comunidades rurales.

Ernesto aún planeaba un viaje por el país cuando, en 1948, finalizó el mandato de Grau como presidente cubano. Se abrieron nuevas elecciones y resultó elegido un hombre amable llamado Carlos Prío Socarrás. Prío había nacido en 1903 en una Cuba independiente —el primer presidente cubano nacido después de la guerra hispanoamericana— y había estado involucrado en política desde su época como estudiante de derecho en la UH. Al igual que Grau, intentó mejorar algunas condiciones en Cuba organizando reformas agrarias y construyendo viviendas de bajo costo, pero su gobierno también estaba marcado por una creciente corrupción. No se hizo nada por la violencia de las pandillas. Estaban destruyendo muchas vidas en La Habana y en otros lugares de la isla.

Los problemas también se estaban gestando en toda América Latina en ese momento, donde la turbulenta historia de Cuba hacía eco en otros países e islas. A mil millas de la propia Cuba, en el continente sudamericano, Colombia estaba envuelta en décadas de violencia y la situación estaba a punto de llegar a un punto crítico. En abril de 1948, Fidel y un amigo quedaron atrapados en este lío cuando visitaron Bogotá, la capital de Colombia. Su objetivo era organizar y participar de un Congreso de Estudiantes Latinoamericanos, diseñado para contrarrestar la Conferencia Panamericana de derecha que se estaba celebrando en la ciudad en ese momento.

A pesar de que Fidel, de veintiún años, estaba acostumbrado a las muertes de estudiantes y otros ciudadanos de La Habana, se sorprendió al descubrir la magnitud de la violencia en Colombia. De regreso a La Habana, participó en protestas por la muerte de un estudiante en manos de pandillas. En Bogotá, las muertes individuales pasaban casi desapercibidas. Las masacres de treinta o más personas eran comunes: los colombianos caían muertos como moscas, y todo por razones políticas.

Los conservadores estaban a cargo del país en ese momento, pero un líder liberal se había levantado y se había convertido en un campeón del pueblo. Jorge Eliécer Gaitán, ex alcalde de Bogotá, se postulaba para presidente y la gente lo amaba. Su política era cuestionable, pero era un orador indudablemente brillante y tenía la capacidad carismática de conmover a una multitud. Hablaba continuamente de cómo iba a mejorar las cosas para el hombre común, y en un país que estaba bien acostumbrado a la corrupción, sus discursos eran embriagadores. Los críticos lo llamaron demagogo y populista, pero, de cualquier manera, las masas lo adoraban. Se especuló que era muy probable que Gaitán ganara las próximas elecciones presidenciales.

Fidel estaba muy al tanto de la elección, pero estaba más enfocado en organizar el congreso de sus estudiantes con sus otros asociados. Sin embargo, tuvo la oportunidad de conocer a Gaitán, un hombre guapo, bien afeitado, con ojos tristes y serios. Fidel le pidió a Gaitán que asistiera al congreso de estudiantes, sabiendo que su presencia ayudaría al congreso a dar un empujón extra. Aunque estaba ocupado con las elecciones, Gaitán prometió que iría. Hizo una impresión inmediata en el joven Fidel, quien se sintió honrado por la promesa de Gaitán de asistir.

Ambos hombres se dedicaron a sus asuntos: Gaitán para prepararse para un próximo caso judicial en el que se desempeñaba como abogado, Fidel para distribuir folletos sobre diversos temas latinoamericanos como la dictadura en curso en República Dominicana y la lucha de Puerto Rico por la independencia. Esta fue quizás una movida imprudente por parte del bienintencionado joven Fidel. El gobierno conservador colombiano de la época fue rápidamente sobre él, y él y su amigo Rafael del Pino Siero fueron arrestados de inmediato. Pasaron un tiempo siendo interrogados y recluidos en las celdas, lo que solo sirvió para enfurecerlos y hacerlos aún más decididos a realizar el congreso.

Nunca tuvieron la oportunidad. Cuando los liberaron el 9 de abril de 1948, los dos muchachos salieron a una escena de masacre absoluta. La ciudad estaba en llamas, y la gente se había revelado más bien en una especie de revuelta caótica, una expresión violenta y desesperada de su agonía, rabia y consternación. Se le dio el nombre de "Bogotazo", y fue el motín más violento durante la época más turbulenta de Colombia, denominada "La Violencia". La gente tiraba piedras y saqueaba, incendiaban el transporte público y atacaban edificios públicos, los destruían, los derribaban. El ejército y la policía solo disparaban. Había humo, sangre, llamas y furia por todos lados. El aire estaba lleno de ruidos: gritos de ira y dolor, disparos, los golpes brutales de las piedras golpeando a las personas, el sonido de cristales rotos. Desconcertados, Fidel y Rafael se dirigieron hacia la oficina de Gaitán en la esquina de la Avenida 7 y 14 para su próxima cita con él.

Estaban en camino cuando escucharon la terrible noticia que la gente gritaba por las calles: Gaitán estaba muerto, asesinado hace apenas unos minutos. Al salir de una reunión con un grupo de simpatizantes, había salido a la calle y un pistolero solitario que estaba parado directamente frente a él le había disparado en el pecho a quemarropa. Hubo rumores de que este pistolero había sido un policía, un peón del gobierno. Esto enfureció a la gente, dejándolos en un frenesí vengativo que se extendió por toda la ciudad.

Fidel recordó al hombre amable e inteligente que había conocido hacía solo unos días, y la rabia contra el gobierno creció dentro de él. Agarrando un trozo de barra de hierro, se levantó y se unió a la violencia. Fue su primera experiencia de lucha en una escala tan épica.

El Bogotazo duraría diez horas. En ese tiempo murieron unas tres mil personas. Una vez que el gobierno los expulsó del centro de la ciudad y los alejó de los edificios gubernamentales, la gente quedó prácticamente sola para destruir el centro de Bogotá. Se utilizaron cócteles molotov (bombas de gasolina fabricadas en botellas de vidrio) para incendiar edificios y vehículos. El presunto asesino de Gaitán fue capturado y brutalmente asesinado, su rostro golpeado con un ladrillo, su cuerpo mutilado abandonado en las calles. Más tarde, el joven sería identificado como Juan Roa Sierra, un posible enfermo mental que se había presentado en las oficinas de Gaitán varias veces en busca de trabajo y que había sido rechazado.

Al parecer, los conservadores no habían matado a Gaitán. De hecho, no está claro exactamente quién lo hizo, ya que algunos testigos afirmaron que, después de todo, Roa no era el asesino. Una teoría de conspiración incluso implicó a Fidel, aunque esto es poco probable considerando que Fidel tenía una buena relación con Gaitán y estaba en la cárcel al momento del asesinato. Pero a la gente no le dirían esto, ni les habría importado. Solo se detuvieron cuando la ciudad estaba en llamas.

Lamentablemente, la violencia colombiana no terminó con el Bogotazo. De hecho, esto fue solo el comienzo. En la próxima década, cientos de miles de colombianos morirían en disturbios y rebeliones.

Fidel resultó ileso en el motín. Él y Rafael volaron sanos y salvos a su casa para continuar sus estudios, y en 1950, se graduó como abogado de la Universidad de La Habana. Todavía era miembro del Partido del Pueblo Cubano en ese momento y un ávido seguidor de Eduardo Chibás, y rápidamente se hizo evidente que no se trataba de una práctica legal ordinaria. Su objetivo no era ganar dinero jugando con un sistema corrupto; en cambio, Fidel quería ayudar a los pobres. Había crecido entre los trabajadores de la plantación de sus padres y desde entonces tenía un corazón para ayudar a aquellos que estaban tan profundamente sumidos en la pobreza. Ver a los políticos ricos y a los gánsteres ricos viviendo en La Habana lo había convencido aún más de que era necesario hacer algo por la gente común. Mientras trabajaba con la gente pobre en su práctica legal, Fidel comenzó a considerar el modelo capitalista cada vez más aborrecible. Fue en este tiempo que comenzó a inclinarse aún más hacia el comunismo con la esperanza de conseguir una vida mejor para los pobres.

A seis mil kilómetros de distancia, en Argentina, Ernesto Guevara se estaba transformando en un futuro revolucionario. En enero de 1950, Ernesto planificó su primer viaje solo por Argentina. Queriendo ver más de su país, instaló un motor en su bicicleta y condujo su motocicleta improvisada por todo el país, una ruta de casi tres mil millas de largo que abordó casi completamente solo. Dos años más tarde, haría un segundo viaje, mucho más largo, esta vez en una motocicleta real llamada *La Ponderosa*. Este viaje lo llevó por Argentina, Chile, Colombia y Venezuela. Pero este no fue un viaje regular. Ernesto no quería ver glaciares ni cascadas, quería ver cómo era realmente la vida de la gente común, en particular de los pobres, de América Latina.

Lo que vio lo horrorizó. Visitó los barrios marginales de las ciudades, la miseria de los leprosos y el vientre de las minas de cobre chilenas, un lugar al que llamó un infierno viviente. Se encontró con mendigos desesperados, una pareja de desempleados muriendo de frío en el desierto de Atacama y una anciana con tuberculosis que había sido completamente abandonada por el sistema de salud pública y que moría lentamente frente a sus ojos, mientras intentaba salvarla con el conocimiento y el poco equipamiento que tenía. Vio la parte más oscura de América Latina y vio que su tragedia no era la violencia: era la pobreza. El verdadero sufrimiento no solo residía en la violencia de las pandillas y los disturbios. Estaba en los ojos de los huérfanos que mendigaban al borde de la carretera, en las manos artríticas de las ancianas que intentaban trabajar para alimentarse por muy enfermas que estuvieran, en la desesperación por el contacto humano de los leprosos que vivían sin ropa o medicinas en las espantosas colonias de leprosos de la selva. Esto rompió el corazón del joven Ernesto. Fue aquí, en la pobreza devastadora del pueblo, donde el inquieto y joven estudiante de medicina se transformó en revolucionario. Algo tenía que cambiar y, inconscientemente, Ernesto empezó a culpar al modelo capitalista de crear esta terrible realidad.

En 1951, cuando Fidel y Ernesto comenzaban a desarrollar las mismas ideas —aunque aún desconocían la existencia del otro— la presidencia de Carlos Prío Socarrás en Cuba estaba llegando a su fin. La economía de Cuba estaba en auge, pero con cada nuevo pulso de prosperidad que atravesaba la isla, la corrupción era más fuerte. Fulgencio Batista era el jefe de las Fuerzas Armadas en ese momento, pero estaba ansioso por la presidencia una vez más. Su paso por el gobierno a principios de la década de 1940 no le había bastado. Quería control, y quería que durara más que un mero término. Sintió que Cuba era legítimamente suya. Y la quería de vuelta.

Aun así, a pesar de que Batista era un candidato presidencial, sabía que era poco probable que lo eligieran. Un candidato mucho más prometedor fue el mentor de Fidel, Eduardo Chibás del Partido del Pueblo Cubano. Chibás le estaba contando a la gente cómo iba a limpiar toda la corrupción que asfixiaba al país, cómo iba a servir como un líder justo y equitativo, limpiando la isla de nepotismo y violencia. A diferencia de los otros candidatos, las palabras de Chibás sonaron con autenticidad y se esperaba que ganara las elecciones.

Senador, congresista y locutor de radio popular, Chibás fue uno de los pocos políticos cubanos de la época en los que la historia nunca ha podido encontrar ni rastro de corrupción. Continuamente expuso la corrupción en otros políticos, haciéndolo muy querido por la gente, pero intensamente disgustado por sus compañeros políticos.

El 5 de agosto de 1951, Chibás consiguió hacer algunos enemigos más. Había estado planeando exponer la malversación de grandes cantidades de fondos gubernamentales por parte del ministro de educación. En lugar de construir escuelas y ayudar a los niños a mejorar sus vidas, este hombre había estado emplumando su propio nido y Chibás estaba sobre él. Al menos, eso había pensado, y así se lo había prometido a la gente. Pero los congresistas que estaban destinados a presentarle pruebas de la malversación de fondos del ministro se habían negado rotundamente. Ellos también estaban manchados de corrupción, y Chibás, con el corazón roto, se vio obligado a enfrentar la magnitud de la corrupción que había corroído a todo el gobierno. No pudo cumplir lo que había prometido y estaba desesperado por convertir a Cuba en un país gobernado por la justicia y la verdad, pero ya no veía salida.

Entonces, en lugar de presentar la evidencia que se suponía que tenía, Chibás usó su transmisión de radio semanal para advertir a la gente de lo que se avecinaba. Batista iba a derrocar al gobierno en un golpe, advirtió. Lo había hecho antes con la Revuelta de los Sargentos e iba a volver a hacerlo. Entonces Chibás se despidió de su gente, colocó la boca de su arma contra su abdomen y disparó tres tiros. Le destrozaron los intestinos. Lo llevaron de urgencia al hospital, donde su cuerpo luchó por vivir durante casi dos semanas, pero su corazón no resistió. Murió el 16 de agosto de 1951.

Las elecciones de 1952 quedaron inmediatamente en ruinas. Chibás había sido el hombre que iba a ser presidente. Ahora no había una oposición real y la gente no tenía idea por quién votar tras la muerte de Chibás. Si bien el suicidio de Chibás había sido un golpe devastador para Fidel y el pueblo, para Batista fue un golpe de suerte. El 10 de marzo de 1952, Batista se dirigió al Campamento Colombia (el lugar donde se había convertido en sargento y por primera vez organizó la revuelta que acabaría con la Enmienda Platt) y reunió a sus hombres. El golpe duró menos de hora y media. En las primeras horas de la mañana, el ejército de Batista tomó el control de todos los puntos estratégicos de La Habana, mató a dos guardias en el Palacio Presidencial y destituyó sin ceremonias a Prío de su cargo de presidente. Prío y otros miembros de su administración huyeron del país, y Batista canceló las elecciones y tomó lo que creía que era su legítimo lugar como dictador de Cuba.

Rubén, el niño pobre cuya madre estaba muerta y cuyo padre no lo quería, también estaba muerto. Incluso el joven taquígrafo intelectual que se había alistado en el ejército como Fulgencio había desaparecido. En su lugar estaba Batista, un hombre que no se detendría ante nada para ganar poder. Y el poder era lo que ahora tenía.

Capítulo 6: MR-26-7

Ilustración 3: Cuartel Moncada en 2013, en conmemoración del 60 aniversario del ataque

La muerte de Eduardo Chibás fue un antes y un después para Fidel Castro. Chibás había sido su inspiración, guía, incluso figura paterna, ya que el verdadero padre de Fidel siempre había sido distante. En los días y meses posteriores a su muerte, incluso después de que Batista tomó el poder, Fidel continuó visitando la tumba de Chibás con devota regularidad. "Seguiremos fieles a tus ideales", le decía a su mentor fallecido, con lágrimas en los ojos. "Juramos que completaremos tu trabajo, que nunca te traicionaremos".

Pronto se hizo evidente para Fidel que completar el trabajo de Chibás significaba derrocar a Batista. El nuevo dictador de Cuba se convirtió en símbolo de todo lo que Fidel odiaba en una administración. Inmediatamente después de tomar el poder, Batista giró con fuerza hacia el ala derecha. Cortó los lazos con la Unión Soviética y comenzó a acercarse cada vez más a los Estados Unidos. A pesar de que había sido él quien abolió la Enmienda Platt, Batista ahora estaba mejorando las relaciones con los Estados Unidos, decidido a hacer crecer la economía de Cuba — y llenar sus propios bolsillos — con dólares estadounidenses. El precio fluctuante del azúcar ya no era lo suficientemente bueno para sostener la economía. En cambio, Batista recurrió al turismo, pero no al tipo de turismo en el que las familias podían contemplar las maravillas naturales. Estaba construyendo casinos y hoteles, bares y clubes, convirtiendo a La Habana en un centro de lucrativa vida nocturna para jugadores de todo tipo. Sectores como la educación, la infraestructura y la atención médica sufrieron con esta medida de Batista. Fidel se vio obligado a mirar con horror y disgusto cómo la administración mostraba cada vez más los rasgos del capitalismo. A medida que los pobres se volvían cada vez más pobres, los corruptos se volvían más corruptos y los ricos se volvían más ricos.

Quizás la mayor evidencia del alcance de la corrupción de Batista es la solución que encontró para la violencia y los casinos corruptos que estaban repeliendo a los jugadores estadounidenses. En lugar de hacer cumplir la ley o resolver el problema de la violencia de las pandillas, Batista recurrió a Meyer Lansky, un miembro destacado de la mafia. Los dos forjaron una estrecha amistad con el paso de los años. Lansky limpiaba las calles y los casinos, y Batista lo hizo ridículamente rico. De hecho, los ricos de La Habana eran increíblemente ricos, pero no eran el blanco de Fidel. Se centraba en los pobres que aparecían tras su fallida práctica de la ley todos los días.

La vida era buena, muy buena, para los ricos de La Habana. De hecho, la gran clase media también estaba muy bien. Pero las provincias orientales estaban sufriendo horriblemente. La gente estaba enferma, desempleada, sin acceso a la educación y morían a un lado de las carreteras, esperando que el transporte llegara de algún lugar y los llevara a las clínicas u hospitales de las ciudades. No hubo glamour para esas personas. No había una vida nocturna lujosa, ni juegos de azar, ni hoteles lujosos ni playas blancas. Había dolor y hambre, y esa era la inspiración de Fidel.

Fidel acabó su observación. Decidió que Batista tenía que caer, pero los recuerdos del Bogotazo lo hicieron reacio a recurrir a la violencia. En cambio, Fidel comenzó a atacar a la administración utilizando la ley, conocimiento que había adquirido en la UH. Presentó demandas contra varios ministros e incluso contra el mismo Batista, acusándolos a todos con delitos dignos de prisión. Fidel creía (y probablemente tenía razón) que tenía pruebas suficientes para meterlos a todos en la cárcel, si tan solo el sistema de justicia fuera realmente justo. Pero no lo era. El sistema estaba controlado por los mismos ricos que tanto se beneficiaban de la industria turística de Batista, y no tenían intenciones de derrocar a un gobierno tan lucrativo. Todos y cada uno de los casos judiciales de Fidel fracasaron.

En mayo de 1952, se había vuelto muy obvio que ningún medio legal sería suficiente para derribar a Batista, no mientras todo el sistema estuviera claramente bajo su control. Con cierta renuencia, Fidel se vio obligado a recurrir al único curso de acción que los cubanos habían estado eligiendo una y otra vez cuando su gobierno les fallaba: la violencia. Inició reuniones secretas en apartamentos escondidos con otros jóvenes descontentos con la administración, muchos de ellos compañeros del Partido del Pueblo Cubano y seguidores de Eduardo Chibás, con un solo objetivo en mente:

planificar el primer ataque rebelde, que tenía como objetivo derribar al gigante en el que se había convertido Batista.

Durante el año siguiente, Fidel reunió poco a poco un puñado de rebeldes con suficiente chispa y fuego para enfrentarse a un ejército de decenas de miles de personas. No eran muchos, pero sus corazones eran enormes. La mayoría de ellos eran jóvenes, a menudo con poca educación y por lo general reclutados entre las filas de los pobres. Hombres y mujeres, afrocubanos, blancos y mulatos, todos tenían una cosa en común: querían derrocar a Batista y estaban dispuestos a seguir a Fidel hasta la muerte.

No estaban entrenados ni armados, pero Fidel sabía que podía resolver esos problemas. Solo había un tema para el que no tenía solución: el hecho de que había, como máximo, ciento sesenta rebeldes en total. Su objetivo, el Cuartel Moncada en Santiago de Cuba, contenía más de diez veces ese número en soldados del ejército cubano. Estos soldados eran todos ferozmente leales a Batista y rigurosamente entrenados, por lo que Fidel debe haber sabido que su ataque tenía solo una mínima posibilidad de éxito. Pero él y su pequeño ejército tenían que intentarlo. Disfrazándose de cazadores o tiradores, entrenaron con su colección de armas de fuego desiguales (algunas de las cuales no siempre funcionaban) hasta que el grupo de inadaptados se convirtió en algo parecido a una fuerza de combate. Un joven simpatizante que trabajaba en un hospital militar fue reclutado para robar uniformes del hospital para que los rebeldes estuvieran vestidos como compañeros soldados. Esto les otorgaría el factor sorpresa en su ataque al cuartel.

El objetivo de Fidel no era tanto tomar los cuarteles, sino asaltarlos. Sabía que su falta de armas era un defecto importante en su plan revolucionario. Si pudieran entrar en ese vasto arsenal en Moncada, tendrían más posibilidades de tener éxito en su desesperada batalla. Obtener el control de las comunicaciones en los cuarteles y usarlas para confundir al resto del ejército podría darles el tiempo suficiente para tomar la estación de radio cercana y transmitir algunos de los discursos de Chibás para fomentar a las masas abatidas a levantarse y derrocar a su dictador. Era un plan tremendamente optimista, uno que solo podría funcionar si la suerte estaba completamente de su lado. Pero esa idea era todo lo que Fidel tenía, y él y su pequeña banda de rebeldes mal entrenados y mal equipados tendrían que intentarlo.

El 25 de julio era el 100° aniversario del nacimiento de José Martí, el héroe que trajo la independencia de Cuba, y la isla entera se llenó de celebraciones. Aunque el pueblo estaba oprimido, al menos, pensaron, Cuba seguía siendo libre. Se realizó una gran fiesta, y su epicentro fue Santiago de Cuba. Fue la tapadera perfecta para que Fidel reuniera su pequeño ejército sin sospechas. Pieza a pieza, en autobuses y automóviles, su ejército se reunió en una granja en las cercanías de Siboney, todos los rebeldes pretendiendo ser jóvenes comunes y corrientes que querían celebrar el festival.

La realidad era otra. En las primeras horas de la mañana, cuando el calor tropical del sol de verano era una mera insinuación en los aires tranquilos y oscuros, los rebeldes se reunieron en la granja y recibieron su informe. Fidel les contó el plan, les entregó sus armas y uniformes y los inspiró con un discurso más. Dividió su pequeña fuerza en tres grupos: uno para atacar el hospital militar, otro para atacar el Palacio de Justicia y el tercer y más grande grupo para acompañarlo al cuartel. El grupo de Fidel formaría un gran convoy con la mayoría de los autos, esperando que los soldados del cuartel (los cuales en su mayoría aún estaban borrachos o durmiendo después de las festividades de la noche) los confundieran con un grupo de soldados de rutina de Batista. A las cuatro de la madrugada, los rebeldes abandonaron la granja y se separaron en sus respectivas direcciones.

Los grupos que se dirigían hacia el hospital militar y el Palacio de Justicia, este último encabezado por el hermano de Fidel, Raúl Castro, estaban compuestos por hombres bastante experimentados, algunos ya tenían experiencia de combate. Pero el grupo de Fidel, aunque era el más numeroso, estaba formado por los soldados más inexpertos, y esto resultó ser un error. Todo lo que pudo haber salido mal salió mal. Incluso antes de que los rebeldes llegaran a la granja, algunos de los autos se habían perdido o tenían llantas desinfladas. Algunos de los rebeldes que estaban dispuestos a unirse a la lucha incluso tuvieron que quedarse atrás porque simplemente no había suficientes armas para todos.

Las cosas no mejoraron cuando los rebeldes se mudaron de la granja. Primero, el convoy se separó. Sin embargo, lo más importante es que el coche que transportaba las armas más pesadas de los rebeldes desapareció. Los informes difieren sobre lo que sucedió exactamente cuando los rebeldes se acercaron al Cuartel Moncada. Algunos dicen que se encontraron con una tropa inesperada de soldados que realizaban una patrulla especial con motivo del festival. Oros dicen que Fidel perdió el control de su automóvil, que iba a la cabeza. El propio Fidel afirmó en su autobiografía que vio a los guardias en el portón del Moncada y se dio cuenta de que no eran un convoy ordinario y que estrelló su automóvil contra el portón para incapacitarlos tanto como fuera posible. De cualquier manera, el auto de Fidel se detuvo contra la puerta en un montón de escombros arrugados, y los guardias inmediatamente abrieron fuego. El factor sorpresa que los rebeldes habían ingeniado tan cuidadosamente se perdió por completo. La alarma comenzó a sonar con los rebeldes todavía fuera de las puertas del cuartel, y los noventa rebeldes se encontraron en un tiroteo directo con más de mil soldados. Con muchas de sus armas desaparecidas, los combatientes de Fidel no tenían la menor posibilidad de ganar la pelea. En cuestión de minutos, muchos de los rebeldes yacían muertos a los pies de Fidel, y este se vio obligado a convocar una retirada. Algunos de sus hombres fueron capturados. Otros, incluido Fidel, escaparon al campo y se escondieron.

Las cosas no iban mucho mejor para los grupos del hospital y del Palacio de Justicia. Los rebeldes en el hospital debieron huir y dejar a dieciocho de ellos en las garras del ejército de Batista. Estos rebeldes maltratados fueron luego enviados rápidamente a Moncada, alineados dentro del rango objetivo del cuartel y asesinados sistemáticamente. Sabiendo muy bien que lo que acababan de hacer era un asesinato, los soldados arrastraron sus cuerpos hacia las puertas donde había tenido lugar la batalla principal y los dispersaron para que pareciera que habían muerto en combate.

Estos dieciocho fueron solo una parte de los asesinados por el régimen de Batista en los próximos días. De los 135 rebeldes, solo 99 sobrevivieron. Nueve murieron en la batalla, los otros fueron capturados, torturados para confesar y luego asesinados por un pelotón de fusilamiento. Fidel y Raúl, que se habían escondido en los alrededores, fueron capturados pocos días después del fallido ataque. Habían logrado esconderse por poco tiempo, pero era tiempo suficiente para que el resto del país se enterara de lo sucedido. Los detalles eran vagos, pero una cosa estaba clara: una pequeña y valiente banda de rebeldes había intentado destronar al gobierno corrupto por el que el pueblo estaba siendo tan oprimido, y el público cubano se indignó y exigió que los capturados recibieran juicios justos. En un país donde reinaba la brutalidad policial y los opositores políticos eran asesinados como ratas, la gente sabía muy bien que los rebeldes iban a ser ejecutados, y su furia era tal que Batista sabía que estaba a punto de presenciar una rebelión violenta como la del Bogotazo si ejecutaba a Fidel Castro.

En cambio, Batista trató de complacer a la gente sin dejar de atender su propia agenda. En lugar de poner a Fidel, Raúl y los otros cincuenta y un rebeldes que habían sido capturados al pelotón de fusilamiento, Batista decidió someterlos a un juicio muy publicitado. El juicio fue televisado y casi todos en Cuba se encontraron sintonizados para ver qué sería del hombre que se atrevió a enfrentarse a Fulgencio Batista.

Los juicios comenzaron el 21 de septiembre de 1953. Fidel y los otros rebeldes tenían veinticuatro abogados a su disposición para ayudarlos en su defensa, pero Fidel se negó. No confiaba en nadie y, como abogado calificado, pidió representarse a sí mismo. Su solicitud fue concedida y su primer juicio fue un enérgico ataque al régimen de Batista. En lugar de tratar de escabullirse de lo que había hecho, Fidel argumentó que el propio régimen de Batista era el culpable. Toda su investigación y trabajo para las demandas que había entablado contra el gobierno el año pasado le sirvieron de mucho para atacar a la administración y defender su derecho como ciudadano a rebelarse contra lo que era ilegal. La sala del tribunal quedó atónita por su defensa tan poco convencional, pero realmente inspiró al público. Al fin alguien que escupía la verdad frente el fracaso, un hombre que permanecía intrépidamente rebelde incluso una vez capturado y enfrentado el encarcelamiento o incluso la muerte. La imaginación aumentó un poco más cuando se le preguntó a Fidel quién era el responsable de planificar e iniciar el ataque.

"El autor intelectual de esta revolución es José Martí", les dijo Fidel, "el autor de nuestra independencia".

La gente se maravilló. Al finalizar el segundo día del juicio, el apoyo del público a Fidel era tan evidente que el jefe del regimiento se dio cuenta de que tendría que evitar que Fidel compareciera en la tercera audiencia, programada para el 25 de septiembre, o arriesgarse a una rebelión a gran escala. Incluso el encarcelamiento no estaba derrotando el espíritu de este rebelde, pero tal vez si pudiera mantenerse fuera de la televisión por unos días, el público se calmaría. El jefe del regimiento afirmó que Fidel estaba enfermo y no pudo comparecer ante el tribunal, y se perdió la tercera audiencia por completo, ya que su juicio se retrasó varias semanas.

Fidel utilizó el tiempo sabiamente. Llevaba detenido unos dos meses y no había pasado el tiempo en prisión lamentándose de su desdichada suerte, a pesar de que estaba en completa incomunicación sin posibilidad de comunicarse con nadie. En cambio, el joven abogado, sin acceso a libros u otros recursos, había estado armando su defensa, garabateando páginas y páginas de notas sobre sus estudios de historia y derecho. Cuando finalmente lo llevaron de nuevo a un tribunal el 16 de octubre de 1953, Fidel estaba listo, sosteniendo su pila de notas. Justo antes de que pudiera entrar en la sala del tribunal, los guardias lo detuvieron y le quitaron las notas de las manos. Todas sus semanas de trabajo, todas sus horas de lucha y concentración le fueron arrebatadas en un abrir y cerrar de ojos, y con las manos vacías, Fidel Castro fue arrojado solo a la sala del tribunal. No tenía amigos en esa habitación, ni abogado, ni siquiera el rostro amistoso de ninguno de sus compañeros rebeldes a quien mirar en busca de tranquilidad, ya que Raúl y muchos de los otros rebeldes ya habían sido condenados a varios años de prisión. Era solo Fidel y sus manos vacías y temblorosas.

Pero ni siquiera esto derrotaría al líder rebelde. Solo y sin ayuda, cuando fue llamado a declarar, Fidel dio un paso al frente. Cuando habló, lo hizo con una calma atronadora y una coherencia perfecta. "Nunca un abogado ha tenido que ejercer su profesión en condiciones tan difíciles", dijo. "Nunca se ha cometido una cantidad tan abrumadora de irregularidades contra un acusado". Respiró hondo, y el silencio en la sala del tribunal fue absoluto. Los demás esperaban que Fidel pidiera que le devolvieran sus notas, para intentar retrasar el juicio, buscar palabras a tientas, fallar.

Nada de eso sucedió. En cambio, Fidel continuó. "En este caso, el abogado y el acusado son el mismo". Y luego se fue, recitando sus notas de memoria. Comenzó defendiendo su decisión de representarse a sí mismo, negando cualquier pretensión de vanidad y afirmando que el sistema corrupto lo había obligado a hacerlo. Habló de las dos audiencias anteriores y de cómo se le impidió comparecer ante el tribunal el 25 de septiembre bajo falsas afirmaciones de enfermedad, una declaración destinada a encolerizar al público cubano, que sin duda ya sospechaba del juego sucio. Luego describió la valentía de los rebeldes en sus propias audiencias, en las que dieron vuelta el partido contra la corte, siguiendo su ejemplo y atacando al propio régimen en lugar de intentar defenderse. "A medida que avanzaba el juicio, los papeles se invirtieron: los que vinieron a acusar se encontraron acusados y los acusados se convirtieron en acusadores. No fueron los revolucionarios los que fueron juzgados allí. ¡Juzgado una vez y para siempre fue un hombre llamado Batista!".

Luego pasó del tema de los juicios al tema de la propia Cuba. Cautivó al pueblo, dirigiéndose más al público que estaba viendo cada momento en la televisión que a la corte. Los incitó a escuchar con atención y preocuparse por su país. Fidel sabía muy bien que su juicio solo podía terminar en encarcelamiento. En lugar de tratar de evitar su sentencia, utilizó su defensa como un primer discurso público ante el pueblo que algún día gobernaría. No fue un juicio. Era un discurso que hablaba de los valientes luchadores que habían obtenido la independencia de Cuba en primer lugar. Hablaba de sus ideales revolucionarios, de cómo quería cambiar el país para mejor, de cómo llevaría la educación al humilde campesino y mejoraría la justicia y la libertad de todos los cubanos. Habló extensamente sobre la economía y cómo se podría mejorar. Recitó poesía, invocó los nombres de héroes a los que la gente siempre se había aferrado. Apenas habló de los ataques del 26 de julio, excepto para reafirmar que su derecho a la rebelión. Pero Fidel sabía que iba a la cárcel. Su objetivo era avivar la revolución, no escapar de lo inevitable. Por mucho que temiera la vida tras las rejas y estar bajo el control de los guardias empleados por sus enemigos, su prioridad era esa.

Esto quedó claro por las conmovedoras palabras que usó para terminar su discurso. "Sé que el encarcelamiento será más duro para mí de lo que lo ha sido para nadie, lleno de cobardes amenazas y espantosa crueldad. Pero no temo a la cárcel", anunció con orgullo, "como tampoco temo a la furia del miserable tirano que se llevó la vida de setenta de mis camaradas. Condenadme. Es indiferente. La historia me absolverá".

El discurso de Fidel fue un éxito rotundo, pero no para defenderlo de su sentencia. Al igual que a Raúl, lo enviaron a la Isla de Pinos para cumplir una condena de quince años en la Prisión Modelo. Pero el discurso logró inspirar a su pueblo, poner el nombre de Fidel Castro en boca de los cubanos, capturar la imaginación del público y darles esperanzas de revolución. Pasarían años antes de que Fidel se convirtiera en el líder de Cuba, pero ya se había convertido en su héroe. El inquieto pueblo había encontrado un líder que representaba el inconformismo que encontraban dentro de ellos, y ese líder era un abogado de veintisiete años que fue condenado a permanecer en prisión hasta que fuera un hombre de mediana edad.

Fidel fue encarcelado en el ala hospitalaria de la Cárcel Modelo, que era relativamente moderna y cómoda, tal vez un gesto de Batista para no enfurecer a las masas. Aún así, no fue algo agradable.

Fidel y veinticinco camaradas pudieron permanecer juntos. También inició una especie de escuela para ayudar a sus compañeros de prisión analfabetos a aprender a leer y escribir, mostrando así su pasión por educar al hombre común. Pero cuando el grupo comenzó imprudentemente a cantar canciones que despreciaban a Batista, Fidel fue llevado a un confinamiento solitario, donde no podía comunicarse con sus amigos. En cambio, se dedicó a escribir cartas a su esposa, a sus amigos, a sus camaradas, a todas las personas en las que podía pensar. Su esposa, Mirta Díaz-Balart, no recibió cartas por mucho tiempo. Mirta, compañera de estudios de la UH de una familia adinerada, acababa de encontrar empleo para el mismo gobierno contra el que Fidel luchaba con tanta determinación. Fidel consideró que su aceptación a ese trabajo era un insulto repugnante y ambos solicitaron el divorcio mientras Fidel todavía estaba en prisión.

Fue en su tiempo en prisión cuando Fidel realmente comenzó a armar la revolución. Le dio a su grupo el nombre de Movimiento 26 del Julio (comúnmente abreviado como MR-26-7), y a pesar de las rejas que lo retenían, Fidel no había terminado con la revolución. Batista iba a caer, solo que aún no lo sabía. "Todavía tenemos fuerzas para morir y puños para luchar", le escribió a un amigo en diciembre de 1953, apenas unos meses después de su sentencia. "Te enviamos un fuerte abrazo de todos nosotros".

Mientras Fidel y Raúl esperaban pacientemente el final de sus sentencias, en Argentina, el joven Ernesto Guevara se graduó como médico en la Universidad de Buenos Aires en 1953. Una vida de lujo estaba al alcance de la mano, pero en lugar de abrir un consultorio, Ernesto estaba decidido a ayudar a los pobres. No podía olvidar la desesperanza en los ojos de las personas que había visto en sus recorridos en motocicleta y tenía que hacer algo al respecto. Comenzó a viajar por Latinoamérica, trabajando en las comunidades más empobrecidas como médico, para finalmente terminar en Guatemala donde un revolucionario acababa de instalar un nuevo gobierno. Aquí, Ernesto se involucró en acciones revolucionarias, cayendo cada vez más en la madriguera del marxismo. Cuando el gobierno revolucionario fue derrocado por la CIA, Ernesto se involucró en los violentos intentos de los revolucionarios para recuperar el país, pero todos fueron en vano. Dejó Guatemala como un hombre más sabio, sazonado por la derrota, pero no obstante decidido a llevar la libertad y la paz —que, para él, significaba comunismo— al pueblo latinoamericano que tanto amaba. Aparte de la experiencia, ganó una cosa más durante su estadía en Guatemala: un apodo que se quedaría con él por el resto de su vida. Se convirtió en Che Guevara, nombre que pronto estaría en boca de todo el mundo. El apodo proviene de una especie de interjección general del español rioplatense que significa "oye" o "chico", dependiendo de su contexto. El Che se ganó el apodo por su uso repetitivo.

De regreso en Cuba, parecía que Batista sabía que había ido demasiado lejos y ya había enfurecido demasiado a su gente. Comenzó a tomar medidas para apaciguar al pueblo, comenzando con las elecciones de 1954. Sin embargo, ningún oponente se atrevió a enfrentarlo, y se consideró en general que las llamadas elecciones fueron fraudulentas. Batista había esperado que al fingir ganar elecciones justas se ganaría el favor de su pueblo, pero en cambio, solo comenzaron a sospechar más de él.

Al ver que su estratagema no había funcionado, intentó un gesto más grandioso. En 1955, como parte de una amnistía que liberaba a todos los presos políticos, Batista puso en libertad a todos los miembros del MR-26-7.

Capítulo 7: Una reunión fatídica

Parpadeando bajo la repentina luz del sol, Fidel Castro fue sacado de la Prisión Modelo y salió como hombre libre por primera vez en casi dos años. Junto a Raúl y otros miembros de MR-26-7, acababa de salir de prisión bajo la amnistía de Batista tras las protestas de la gente. Era libre de ir a donde quisiera, de ejercer la abogacía, incluso de hablar con la gente por radio y en conferencias. Algunos esperaban que aprendiera la lección y llevara una vida tranquila y pacífica en algún lugar. Después de todo, siendo abogado, Fidel tenía el potencial de convertirse en uno de los privilegiados de la clase media habanera. Como muchos otros, podría haber hecho la vista gorda ante los miles de enfermos que sufrían y morían en las provincias orientales. Podría haberle dado la espalda a la gente que estaba siendo masacrada en las calles. Podría simplemente alejarse de todo y entrar en una vida de privilegios, disfrutando de las mismas comodidades que sus enemigos aún disfrutaban desde sus lujosas mansiones.

Quizás entonces se le ceuzó esa idea. Tal vez, cuando volviese a salir en libertad, podría dejar la historia al azar y convertirse en un miembro más de los cientos sin rostro, sin voz y sin corazón que simplemente no se preocupaban por los pobres. Si lo hubiera hecho, la historia hubiera sido muy diferente.

Pero no lo hizo. En cambio, con Raúl a cuestas, Fidel saltó directamente al mundo de la política. Volvió a dirigirse a la gente, a pesar de que Batista lo vigilaba de cerca. Habló por radio y con la prensa, pero su nueva libertad resultó ser efímera. A cada paso, Batista intentaba restringir las actividades de Fidel, reprimir su espíritu revolucionario. Seguramente pasar dos años en prisión fue una lección suficiente para disuadirlo de provocar aún más problemas. Pero Fidel no era blanco fácil, y cuanto más le hablaba a la gente, más lo amaban.

Mientras tanto, el Che tenía un objetivo, inspirado por el nuevo gobierno de Guatemala. Se vio obligado a esconderse en la Embajada de Argentina, y por mucho que su naturaleza se rebelara contra la idea de rendirse, el Che sabía que la revolución de corta duración había terminado en Guatemala. La CIA era demasiado fuerte, atacando de forma invisible dentro de la organización. Que lo mataran aquí no iba a ayudar a ninguno de los latinoamericanos que le importaban, y solo le quedaba una opción: escapar. La embajada le arregló un pasaje seguro fuera del país para él y el Che optó por huir a Ciudad de México.

De regreso a Cuba, Batista se estaba quedando sin opciones al ver la gente irritada manifestándose cada vez con más violencia. El régimen de Batista se volvió cada vez más paranoico; todos los jóvenes fueron clasificados universalmente como una amenaza para el gobierno y reprimidos, a veces con una violencia terrible. Para entonces, Batista tenía cincuenta y tantos años y estaba decidido a no perder el control de la isla por la que había luchado tanto. Sus medidas se volvieron cada vez más drásticas, incluido el cierre de la Universidad de La Habana, una medida que apenas impactó la economía considerando que el desempleo había llegado al punto en que los graduados universitarios no podían encontrar trabajo de todos modos. El pueblo se volvió más descontento con esta situación y estallaron pequeñas huelgas y disturbios en toda Cuba.

Finalmente, a fines de 1955, las protestas se tornaron violentas hasta el punto de causar bombardeos, y Fidel sabía que, aunque él no estaba directamente detrás de la violencia, estaría implicado por ella. Todavía planeaba iniciar una revolución, pero sus seguidores eran solo un puñado esparcido y temeroso recién salido de la prisión. Necesitaban salir de Cuba, ir a algún lugar seguro para reagruparse, entrenarse y armarse para la rebelión. Fidel sabía que era la única forma de derrocar a Batista de una vez por todas. Mientras la brutal policía de Batista perseguía a Fidel y sus amigos por las calles de La Habana, ellos huyeron a México. Antes de irse, Fidel envió un mensaje a la prensa prometiendo que la pelea no había terminado. Si regresaba, prometió que solo sería "con la tiranía a nuestros pies".

El México de 1950 era un país que acababa de recuperarse de décadas de guerra civil y revolución. Los mexicanos habían logrado lo que Fidel todavía soñaba; sus campesinos se levantaron por sus derechos, derrocaron a su gobierno conservador y libraron una revolución larga y dura que terminó con la libertad. Ahora era un país bastante estable con un gobierno firme y relativa paz, y Fidel sintió que era el lugar perfecto para armar sus sueños de darle a Cuba las mismas oportunidades. Él y Raúl, junto con algunos seguidores, se establecieron en Ciudad de México.

La vida en la ciudad no fue fácil para los hermanos Castro. El dinero escaseaba y todo lo que tenían lo destinaban a financiar armas y otros recursos para la revolución. Con el tiempo, Fidel reunió suficiente dinero para realizar un viaje por Estados Unidos, en particular por Miami, Filadelfia y Nueva York. No se molestó en hablar con los estadounidenses, sino que se dirigió a los cubanos que habían huido de la isla por la cruel administración de Batista. Estaban ansiosos por ayudar, pero no tenían casi nada para dar. Fidel casi se sintió culpable al aceptar las pequeñas donaciones que le pudieron dar. Pudo haber regresado a Ciudad de México con solo unos mil dólares, pero ahora contaba con el sincero apoyo de sus compatriotas cubanos que vivían en los Estados Unidos.

De regreso en Ciudad de México, Raúl le dijo a Fidel que quería presentarle a un amigo. Era argentino, le dijo Raúl a su hermano mayor, pero tenía el mismo corazón revolucionario que Fidel, y era médico. Sabiendo que el apoyo médico podría ser invaluable, Fidel accedió a reunirse con el amigo de Raúl, aunque estaba un poco reacio a involucrar a algún extranjero a su unida banda cubana.

Una noche de julio de 1955, Raúl llevó a su amigo con Fidel. Los dos hombres se miraron durante un momento. Este amigo de Raúl le parecía terriblemente joven a Fidel; llevaba el cabello un poco largo, los rizos ondulados enmarcaban un rostro carismático y hermoso que estaba pellizcado por la enfermedad y la pobreza. Pero algo en sus ojos capturó a Fidel de inmediato. Tenía ojos oscuros como boca de lobo, pero brillaban con emoción e inteligencia, ardiendo con una intensidad extraña que nunca antes había visto. La intensa expresión de esos ojos cautivaría algún día a toda una cultura, se convertiría en símbolo de todo un siglo. Por el momento, habían llamado la atención de Fidel, y de inmediato sintió que había conocido a un hombre con quien iba a cambiar el mundo.

Fidel se presentó. El amigo de Raúl extendió la mano y sonrió, una expresión que iluminó con encanto esos ojos oscuros. "Ernesto Guevara", dijo. "Pero mis amigos me dicen Che".

Cuando Fidel conoció al Che, su impresión inicial con el joven argentino fue rápidamente eclipsada por una serie de preocupaciones. Después de años de vivir con bastante rudeza en el caos de las revoluciones y las profundidades de la pobreza, el Che no solo era pobre, sino que su asma lo estaba atormentando terriblemente. Era un joven flaco y enfermizo y, lo que es más importante, no era cubano. Pero el fuego en sus ojos convenció a Fidel de presentarlo a los demás miembros del MR-26-7. Como Fidel, los otros cubanos quedaron inmediatamente impresionados por el Che, pero se sintieron menos impresionados cuando Fidel comenzó a darle más y más responsabilidades cruciales —y autoridad— en la planificación de la revolución. Al principio, los hombres se mostraron reacios a obedecer las órdenes del Che e incluso cuestionaron por qué un forastero como él debería tener un papel tan importante en el movimiento. Pero Che trabajó duro para demostrar su valía, y su fervor genuino por la causa y su pasión por el cambio pronto los convencieron.

En ocasiones, el fervor de Che también resultaba ser un lastre. Cuando las autoridades de México tropezaron con el creciente almacenamiento de armas del MR-26-7, Che y Fidel fueron arrestados. En lugar de hacer cualquier esfuerzo por mantener el secreto, Che, para gran disgusto de Fidel, se enfureció tanto con los policías como luego en la sala del tribunal. En un movimiento similar al discurso de Fidel de "la historia me absolverá", pero terriblemente menos exitoso, Che defendió con vehemencia sus ideales y pronunció una larga conferencia sobre sus puntos de vista políticos, profundamente marxista-leninistas. El espíritu de lucha de Che los llevó a ambos a la cárcel durante varias semanas.

Aún así, su nueva amistad salió ilesa de la prisión y, a los pocos meses, Che y Fidel nadaban por el río Bravo hacia Texas para visitar a otro cubano exiliado que sentían que podría ayudarlos en su lucha contra Batista: el ex presidente Carlos Prío Socarrás. A pesar de que el régimen de Prío había sido casi tan corrupto como el de Batista, al menos él era un enemigo mutuo del actual dictador de Cuba, y Fidel sabía que la revolución estaba desesperada por dinero si quería tener alguna posibilidad de éxito. Por mucho que le desagradara la idea de aceptar dinero en efectivo que esencialmente había sido robado de las personas a las que estaba tratando de ayudar, sabía que era la única forma. Prío accedió a ayudar, y Fidel regresó a su banda de hombres con una donación lo suficientemente grande como para iniciar la siguiente fase de preparativos: conseguir una embarcación adecuada para llevarlos de regreso a Cuba.

Nuevamente en la isla, las medidas de Batista para aplastar a su pueblo eran cada vez más drásticas. La Universidad de La Habana había sido cerrada hacía mucho tiempo en un intento de sofocar cualquier actividad revolucionaria que pudiera emprender el estudiantado. Un intento de rebelión, encabezado por el general del ejército cubano y conocido como la Conspiración de los Puros, había sido traicionado y destruido. La policía detenía, torturaba y mataba a jóvenes, a menudo sin motivo. Mientras los gánsteres y las estrellas de cine pasaban sus noches festejando en el lujo de La Habana, el pueblo cubano era asesinado y golpeado cada vez que se atrevía a alzar la voz contra el monstruo en el que se había convertido el indeseable Rubén Zaldívar. Batista ya estaba acostumbrado al poder, acostumbrado a mimarse con todos los tesoros de La Habana y acostumbrado a aplastar a cualquier adversario que se atreviera a levantarse contra él. Toda Cuba le temía y tenía motivos para hacerlo. Se estima que, durante su etapa en el poder, la administración de Batista fue responsable por la muerte de 20 000 cubanos.

Pero este impactante número pronto se reduciría. Los días de Batista saqueando su país y destruyendo a su pueblo estaban contados. Fidel y su banda de rebeldes estaban en las etapas finales de la planificación de su revolución. Lo más importante es que habían comprado un yate. Su nombre era *Granma*, y había sido un barco blanco de bombas en la Marina de los Estados Unidos. Aunque solo medía sesenta pies de largo, el *Granma* llamó la atención de Fidel inmediatamente. En ese momento, era propiedad de Antonio Del Conde, dueño de una tienda de armas que también comerciaba con otros artículos ilegales. Fidel se había acercado a Conde poco después de llegar a México, desesperado por ayuda, y su carisma y sinceridad llamaron inmediatamente la atención de Conde. Conde jugó un papel decisivo en la construcción del pequeño ejército de Fidel. Ayudó a mantenerlos ocultos de las autoridades mexicanas, ayudó a conseguir entrenamiento y comida, y estaba en la posición ideal para proporcionarles armas.

Sin embargo, el *Granma* no era parte del trato original. Conde lo había visto medio destruido a la orilla del río Tuxpán, y pensó que, incluso en su estado semidestrozado, había algo hermoso en él. Algo noble, incluso. Se acercó a sus dueños, que no la necesitaban, y la compró fácilmente por la suma de 20 000 dólares. Hay algo un poco poético en el hecho de que valía un dólar por cada persona que murió en manos de Batista.

Conde decidió quedarse con el *Granma*, paneó arreglarla y pasear con ella. Pero cuando Fidel la vio, vio algo más profundo que lo que había visto Conde. "Si arreglas este barco", le dijo a Conde, "volveré a Cuba con él".

Conde estaba horrorizado. Para comenzar, el *Granma* estaba en muy malas condiciones, prácticamente todo debía reemplazarse. Pero Fidel no se dejó disuadir. El 25 de noviembre de 1956, cargó sus tropas dentro del pequeño yate y zarpó hacia la costa este de Cuba.

El *Granma* y su tripulación habían sufrido varias modificaciones en los últimos meses. El pequeño grupo de esperanzados que seguían a Fidel, recién salido de prisión, había sido entrenado en un ejército que él creía que podía vencer a las mejores fuerzas de Batista. El *Granma* también había sido preparado, con el reemplazo de su quilla y la instalación de nuevos motores. Sin embargo, seguía siendo una embarcación inadecuada para lo que Fidel quería lograr.

Para comenzar, el *Granma* había sido diseñado para alojar a doce personas. Para cuando Fidel terminó de abarrotar a todos los que quería llevar en el yate, este contaba con ochenta y dos revolucionarios y cinco días de combustible, lo mínimo para transportarlos de México a Cuba en perfecto clima y con perfecta navegación. Ambas decisiones fueron un error. El *Granma* se embarcaba en un viaje condenado al fracaso y al naufragio, pero que, no obstante, cambiaría la historia del mundo.

Capítulo 8: El viaje del Granma

Norberto Collado Abreu había sobrevivido a varias locuras en su vida. Collado había trabajado en cazadores de submarinos en la Segunda Guerra Mundial y se unió a la marina en 1941. Era el hijo negro de un pescador pobre, pero rápidamente se hizo evidente que Collado tenía una habilidad especial para trabajar con barcos. Nunca se mareaba y tenía una habilidad increíble para trabajar con el sonar. Su oído era tan refinado que los médicos de la marina lo probaron y descubrieron que incluso podía escuchar tonos generalmente inaudibles para el oído humano. En la marina, esto significaba solo una cosa: Collado era el candidato perfecto para manejar las máquinas de sonar que se usaban para detectar los infames submarinos alemanes debajo de la superficie. Fue enviado a trabajar en un cazador de submarinos llamado CS-13 frente a la costa de Cuba, y fue su asombroso oído lo que llevó al descubrimiento y hundimiento del submarino alemán U-176, el único submarino hundido por las fuerzas cubanas durante Segunda Guerra Mundial, en 1943.

Por un breve tiempo, luego de que terminó la guerra y se hizo pública la información sobre el U-176, Collado fue un héroe de la nación cubana. Pero su fama no duraría mucho. Collado pasó un tiempo encarcelado por su postura política de izquierda, disgustado por la corrupción del régimen de Batista. Luego de sobrevivir a la más horrible tortura a manos de la brutal fuerza policial de Batista, lo enviaron a la Cárcel Modelo de Isla de Pinos, donde conoció a un hombre que de inmediato lo inspiró y lo cautivó: Fidel Castro. Collado rápidamente se convirtió en miembro del MR-26-7, y cuando él y Fidel fueron liberados, parecía natural seguir a Fidel a México.

Sin embargo, a pesar de todo lo que había sobrevivido, Collado temía por su vida. Nunca había experimentado condiciones tan horrendas como las del *Granma*. Habían zarpado el 25 de noviembre de 1956, y solo unos minutos después de comenzar el viaje, Collado sintió que el pequeño yate y su temeraria tripulación estaban condenados al fracaso. La tormenta que les había permitido salir escabullidos desde Tuxpán frente las narices de las autoridades mexicanas amenazaban ahora con hundirlos y destruir toda esperanza de revolución. El *Granma* era arrojado sin piedad de ola en ola sobre las aguas turbulentas como un juguete en manos de un gigante cruel. Collado luchó para mantener el rumbo del yate, una pequeña mancha blanca en la inmensidad del océano oscuro y furioso. Algunos de los revolucionarios querían volver. Mientras la mandíbula de Fidel estaba tensa, los ojos de Che brillaban con determinación. Diminuto como era y a pesar de los golpes furiosos que recibía, el *Granma* era la única esperanza que tenía Cuba. Fidel sabía que su ejército era muy pequeño en comparación con el de Batista. También sabía que al igual que el *Granma* debía seguir adelante para poder llegar a Cuba, la revolución también debería seguir adelante a pesar de toda la oposición para alcanzar el éxito y liberar al pueblo del férreo control de Batista.

De ese modo, siguieron avanzando ola tras ola con repugnante repetición. El *Granma* trepaba valientemente las olas, iluminado por los relámpagos y rodeado de disparos de agua. A veces flotaba unos segundos antes de estrellarse contra la ola con un impacto estremecedor que amenazaba con destrozar el diminuto yate. Collado, luchando por encontrar algún tipo de rumbo a pesar de su habilidad y experiencia, sintió que el yate no podía soportar los golpes que estaba recibiendo. Seguramente uno de esos terribles choques simplemente la destrozaría y los dejaría aferrados a los escombros en el mar.

Pero el *Granma* resistió. Siguió adelante, ola tras ola, kilómetro tras kilómetro, luchando bajo su quilla nueva. Sus pasajeros estaban apretujados como sardinas, cubiertos con el vómito de los demás mientras el mareo los atacaba uno por uno. Y, de hecho, fue el mero peso de la carga del *Granma* lo que probablemente salvó su vida durante esa tormenta. El peso sobre su quilla la mantuvo estable. Si hubiera estado cargando a las doce personas que se suponía que debía llevar, probablemente se habría hundido y la Revolución cubana hubiera terminado antes de que realmente comenzara.

La tormenta duró tres horribles días. Las condiciones del viaje eran insoportables, el hedor de casi ochenta hombres apretujados hombro con hombro dentro de la embarcación y sin ningún lugar para defecar o vomitar estaba en el aire. Las condiciones en la cubierta no eran mucho mejores, las olas rompían sobre la cubierta, salpicando y golpeando las piernas de Collado mientras se aferraba al timón. Pero Collado aguantó, y aguantó casi perfectamente. No había forma de que el *Granma* llegara a Cuba si se desviaba de su rumbo, aunque fuera solo un poco, algo que estaba casi garantizado que sucedería con cualquier timonel. Collado, sin embargo, no era un timonel cualquiera. Lo mantuvo recto y seguro, y avanzaron hacia Cuba a pesar de que el sobrecargado yate se estaba quedando sin combustible.

Cuando estalló la tormenta, las cosas mejoraron un poco. Apenas había comida a bordo, no había espacio para la comida, considerando que apenas había espacio suficiente para los hombres y el combustible. Todo lo que tenían eran naranjas, pero debía ser suficiente. Usaron el agua de mar para lavar un poco a los tripulantes. Los ánimos se levataron, pero el peligro aún no había terminado. Se estaban acercando al espacio aéreo enemigo, y Batista se había enterado de lo que estaba pasando. Le comandó a su fuerza aérea que buscara un yate a motor solitario en algún lugar de las 1 200 millas entre México y Cuba, y sus aviones daban vueltas en el aire, buscando el *Granma*.

Los aviones no encontraron al Granma. Pero el Granma encontró la desgracia. En la última noche del viaje, mientras el *Granma* navegaba a través de las olas, el rítmico zumbido de sus motores fue ahogado por un grito confuso y un chapoteo. El navegante se había caído por la borda. Fidel inmediatamente le gritó a Collado que hiciera retroceder el yate, exigiendo que se encendiera el reflector. Algunos de los revolucionarios protestaron. Encender la luz los convertiría en un faro para los aviones de combate de Batista. Regresar, cuando ya apenas tenían combustible para llegar a Cuba, sería una sentencia de muerte. Fidel entendía todas estas cosas, pero no iba a dejar que uno de sus hombres se ahogara en el océano. Ordenó al *Granma* dar la vuelta, y Collado hizo girar el timón. El reflector se deslizó por el agua, iluminando solo la superficie de las olas. El silencio invadió la cubierta mientras los rebeldes observaban desesperadamente el área, buscando... ¡Allí! Una cara de pánico y un par de brazos agitados. El navegante fue arrastrado de regreso a bordo y el viaje continuó.

Los rebeldes tuvieron que desviar hacia las Islas Caimán para evitar que los detectaran antes de llegar al destino de Fidel: la costa este. Había elegido exactamente el mismo lugar que José Martí había elegido hace casi un siglo, no solo por su valor simbólico, sino también por su importancia estratégica. Mientras la luz del amanecer del 2 de diciembre de 1956 comenzó a atravesar el cielo al este de la popa del *Granma*, Fidel, Che y Collado entrecerraron los ojos con inquietud al observar la fina la línea oscura sobre el horizonte, era la costa de Cuba. Aquí no era donde se suponía que debían desembarcar. Aquí no era donde se suponía que debían reunirse con sus aliados. Sus gráficos estaban equivocados, a pesar de que la navegación de Collado había sido perfecta, iban por el camino equivocado. Desesperadamente, Fidel y los demás consultaron con Collado, tratando de averiguar si aún podían llegar a su lugar de destino. Collado negó con la cabeza. El *Granma* estaba con sus últimas energías, sería un milagro si llegaban siquiera a la costa cubana. El Che también señaló el cielo iluminado. En el momento en que amaneciera, los aviones de Batista los estarían buscando, y el *Granma* no era más que un pequeño punto blanco en medio de un gran océano azul. Su única esperanza era llegar lo antes posible.

A regañadientes, Fidel concordó. Collado empujó el yate a toda velocidad y, tosiendo con sus últimas gotas de combustible, el *Granma* se lanzó valientemente hacia adelante. Cuando llegaron a los manglares estaba amaneciendo y ya podían escuchar el zumbido de los aviones enemigos en el cielo. Con un ruido astillado, el *Granma* encalló en el manglar de esta nueva zona desconocida. Se detuvo mitad en la arena, mitad en los manglares y casi destruida.

Los hombres estaban felices de ver tierra. Bajaron un pequeño bote para llevar sus armas a la orilla. El bote se hundió como una roca, por lo que los hombres se lanzaron al agua hasta el pecho, sostuvieron sus armas sobre sus cabezas y vadearon hasta la orilla mientras los aviones de combate rugían en el cielo. Fidel y el Che los animaban, gritando palabras de aliento mientras ellos mismos luchaban a través del agua turbia.

Habían llegado a playa Las Colodaras, en la provincia de Oriente donde habían crecido tanto Fidel como Batista. Pero no hubo tiempo para la nostalgia. Fidel estaba enfocado en sobrevivir. Tenía ochenta y dos hombres para poner a salvo. El pequeño ejército que los recibiría esperaba pacientemente en su destino previsto original, y no tenían forma de contactarlos. Tenían que ponerse a salvo para establecer sus comunicaciones, y hacerlo rápido. El ejército de Batista los estaba buscando, y con cada minuto que pasaba, se acercaban más a Fidel y sus hombres. Fidel decidió llevar a sus hombres a la Sierra Maestra, una cordillera a pocos kilómetros tierra adentro. Su espesa jungla y su terreno les proporcionarían un lugar para esconderse de los aviones y vehículos en tierra, dándoles tiempo para contactar a sus aliados en la isla y reiniciar la revolución.

Solo horas después del desembarco, cuando los rebeldes apenas habían empezado a recuperar el aliento tras su arduo viaje, un terrible crujido rompió el silencio de la playa. Batista los había encontrado. Una de sus lanchas patrulleras les disparaba desde la playa. Las balas destrozaron al pobre y valiente *Granma*, abriendo agujeros en su popa. Era hora de irse, y Fidel apresuró a sus hombres hacia el interior, llevándolos en una desesperada retirada hacia las montañas. Si llegaran a las montañas, podrían sobrevivir.

Pero no lo hicieron. Al menos, las tres cuartas partes de ellos no lo lograron. El 5 de diciembre, mientras luchaban por abrirse camino a través de las selvas de la Sierra Maestra, una de las fuerzas de Batista los sorprendió. A última hora de la tarde, los rebeldes estaban descansando entre las cañas de azúcar cuando los aviones comenzaron a descender desde cielo, bañando la plantación. La tierra y la caña de azúcar se esparcieron por el aire cuando las tropas terrestres se apresuraron a atacar al pequeño ejército de Fidel. Tomadas por sorpresa y totalmente desprevenidas, las tropas de Fidel fueron destrozadas por el ataque. Algunos huyeron, algunos cayeron. Todos estaban esparcidos por el campo, heridos. Su número disminuyó, algunos dirían que estaban derrotados.

Pero Fidel no abandonó la lucha. Él y uno de sus seguidores, Universo Sánchez, lograron escapar de los combates y se escondieron en la jungla circundante. Esperaron a que las fuerzas de Batista se fueran. Los cuerpos de algunos de los hombres de Fidel yacían entre la caña de azúcar empapados de sangre. Otros hombres habían sido tomados como prisioneros y ejecutados inmediatamente. Otros fueron enviados de regreso a la cárcel. Uno de ellos era Collado, el valiente navegante que había conseguido llevar el *Granma* hasta la orilla. Fidel estaba destrozado. No quería nada más que volver corriendo y buscar supervivientes, reunirlos y reagruparlos en otro ejército, pero Sánchez lo detuvo. Sánchez tampoco había renunciado a la revolución, pero argumentó que Fidel era el miembro más importante del ejército y que había que preservar su vida. Su lógica era sólida, aunque no le cayó bien a Fidel.

Un granjero que simpatizaba con sus ideales les dio cobijo. Se escondió y les dio de comer, y paso a paso, los otros rebeldes empezaron a encontrar el camino hacia la granja. El proceso fue largo y angustioso, y las noticias de cada nueva pérdida golpeaban a Fidel en el corazón. Su pequeño ejército había sido casi diezmado. Durante las próximas semanas, Fidel y sus hombres juntaron a los seguidores que quedaban. Estaba encantado de encontrar a Raúl sano y salvo, y después de unos días, unos hombres llevaron a un Che herido y enfermo a la casa del granjero. Al Che le habían disparado en el cuello, pero sus manos temblorosas seguían agarrando el rifle y sus ojos febriles todavía brillaban con afán revolucionario.

Había diecinueve hombres en total, diecinueve supervivientes, un puñado de personas que ya habían pasado por tanto y, sin embargo, la larga lucha aún estaba por delante. El día de Navidad, menos de tres semanas después del devastador ataque, Fidel pronunció un discurso entusiasta a sus tropas con tanto fuego y fervor como si se dirigiera a una nación. Los motivó. A pesar de estar heridos y con pocas municiones, todavía sentían arder en el pecho aquella causa en la que creían, y su líder aún motivaba ese eterno sentimiento. Llevaría a cabo esta revolución, aunque fuera lo último que hacía.

Fidel pronto tuvo la mira puesta en un nuevo objetivo para su ofensiva. Los campesinos de las montañas habían ayudado a alimentar a sus compañeros rebeldes y a reunirlos de nuevo, pero había una cosa que no podían proporcionar: municiones. Aunque muchos de los rebeldes habían logrado aferrarse a sus armas, casi no les quedaban balas. El grupo ahora constaba de entre veinte y treinta hombres, y sin municiones, ese número era inútil y diminuto. Sin Alfredo del Conde que les proporcionara armas, los rebeldes tendrían que recurrir a otras formas de conseguir armas, y a Fidel se le ocurrió una idea casi tan temeraria como el viaje en el *Granma*.

atacarían un puesto de avanzada del ejército y se llevarían todas sus armas y municiones.

En ese momento, los seguidores de Fidel estaban tan acostumbrados a sus ideas imprudentes que apenas se inmutaron ante este nuevo plan. El *Granma* no estaba destinado al éxito, pero lo logró. Tal vez podía suceder lo mismo con este asalto. En enero de 1957, Fidel condujo a su pequeña banda de guerrilleros hacia el puesto de avanzada en La Plata, cerca de la playa. Sorprendentemente, funcionó. El ejército de Batista no sabía que Fidel aún estaba vivo. Habían transmitido la noticia de su muerte a la nación, y cuando los soldados se enfrentaron al rostro que creían haber enterrado, su desconcierto facilitó la destrucción del puesto de avanzada. Todos los rebeldes sobrevivieron. Algunos de los soldados resultaron heridos, y el Che, que se había recuperado bien de su herida, los trató lo mejor que pudo.

El capataz de la zona, Chichu Osorio, no tuvo tanta suerte. Supuestamente había matado a uno de los hombres de Fidel y era generalmente cruel y severo con los campesinos que trabajaban bajo su mando. Fidel lo hizo ejecutar y de inmediato se ganó el corazón de los campesinos de los alrededores.

Invadir el puesto de avanzada fue solo el primer paso. Ahora estaban armados y con algunos campesinos entre sus líneas. Los simpatizantes también sumaban más reclutas en las ciudades, y Fidel y sus hombres comenzaron su guerra en serio. Al asaltar un puesto de avanzada tras otro, comenzaron a hostigar a los soldados de Batista, nunca golpeando con fuerza, siempre apresurándose para agarrar lo que podían y luego desaparecer en la jungla. Era imposible localizarlos y, a medida que pasaban los meses, se familiarizaban cada vez más con las montañas. Se volvieron más difíciles de atrapar y más experimentados en la guerra, y lentamente, casi imperceptiblemente al principio, el ejército de Fidel comenzó a crecer y ganar impulso.

Mientras tanto, en el resto del país, la gente comenzaba a darse cuenta de que Fidel no estaba muerto. Los rumores de su ejército se esparcieron como fiebre amarilla de ciudad en ciudad, y la gente estaba asombrada de que su héroe todavía estuviera vivo. La gente estaba inspirada por su frase "La historia me absolverá" y esperaban su regreso jubilosos y esperanzados (algunos también desesperados). Cuando se enteraron de que Fidel había vuelto, volvieron a sentir esperanzas, pero esa esperanza se desvaneció cuando Batista les dijo que había muerto. Pero no estaba muerto, y el hecho de que Batista les hubiera mentido descaradamente hizo que la gente sospechara aún más de su dictador. Los disturbios aumentaron y la crueldad de Batista aumentó proporcionalmente. La gente era ejecutada y sus cuerpos colgaban de los árboles para que se pudrieran al borde de la carretera, hinchados y desfigurados, llenos de moscas, como un recordatorio sangriento del poder de Batista.

Sin embargo, su poder se limitaba solo a lo que podía controlar y, poco a poco, Cuba se le escapaba de las manos. En marzo de 1957, un valiente joven estudiante llamado José Antonio Echeverría dirigió la Dirección Estudiantil Revolucionaria en un ataque al Palacio Presidencial. Antonio era uno de los muchos estudiantes que habían sufrido la falta de educación tras el cierre de la Universidad de La Habana. Sin embargo, el cierre de la universidad no había tenido el efecto deseado y los estudiantes seguían reunidos con agendas políticas. Decidieron atacar el problema de fondo asesinando a Batista. El plan era que Antonio atacara la Estación Nacional de Radio de Cuba, tomando el control y transmitiendo a la nación que Batista estaba muerto, mientras sus aliados irían al palacio y dispararían a Batista donde estaba.

El plan casi funcionó. Antonio tomó el control de la estación de radio y comunicó que Batista había sido asesinado y mencionó las atrocidades que Batista había cometido, todo en solo 181 segundos. Sus compañeros de estudios participaron en un tiroteo en el Palacio Presidencial, pero estaba condenado al fracaso. Batista subió las escaleras en el momento en que los estudiantes atacaron, y los guardias los repelieron fácilmente. Antonio se apresuró a regresar al palacio, pero lo vieron. El tiroteo fue breve y acabó con el joven Antonio muerto en la acera de La Habana.

El ataque no tuvo éxito, pero fue sintomático de los extremos a los que el pueblo estaba dispuesto a llegar para derrocar a Batista. También despertó finalmente a los Estados Unidos y a la profundidad de su crueldad. Se impuso un embargo comercial a Cuba por primera vez, aunque la mafia y muchos empresarios estadounidenses continuaron apoyando a Batista sin tregua. Para muchos, los negocios eran los negocios, sin importar el costo para las personas.

En toda la isla se estaban intensificando los disturbios y los levantamientos. Los reclutadores rebeldes se movían por los pueblos, enviando en secreto a más y más personas a la Sierra Maestra para unirse a la lucha de Fidel. Los grupos de personas comenzaron a protestar, a hacer huelgas, provocando caos en toda Cuba. Batista trató de detenerlos eliminando derechos como la libertad de reunión y la libertad de expresión, pero sus esfuerzos no lograron aplacar la ira del pueblo. Sin embargo, algunos levantamientos fueron reprimidos a un costo tremendo para quienes se unirían a la revolución. Por ejemplo, cuando los rebeldes capturaron Cienfuegos en septiembre de 1957, el gobierno se apoderó de la ciudad y un centenar de personas fueron masacradas.

Aún así, el papel de la gente en el derrocamiento de Batista fue tremendo, y todos seguían el faro de esperanza en el que se había convertido el pequeño ejército de Fidel. Los miembros de MR-26-7 también estaban presentes en las ciudades, y trabajaron para enviar recursos y hombres.

La rebelión comenzó a ganar organización e impulso. Después del trágico suicidio de Eduardo Chibás, ese punto de inflexión crucial en la mente de Fidel, el Partido del Pueblo Cubano había sido tomado por su hermano menor, Raúl Chibás. A pesar de la enérgica oposición de Batista, el Partido del Pueblo Cubano aún existía, aunque sabían que con Batista al mando no tenían esperanzas de llegar al poder. Chibás reconoció que la revolución era su única esperanza de llevar al partido al poder, por lo que en marzo de 1957 se reunió con Fidel y otros líderes del MR-26-7. Juntos elaboraron el Manifiesto Sierra Maestra. Al igual que el Manifiesto del 10 de octubre y tantos otros manifiestos anteriores que habían servido para hacer de Cuba un país independiente, el Manifiesto Sierra Maestra prometía reforma agraria, equidad, democracia, educación mejorada e industrialización.

Para julio de 1957, el grupo rebelde de Fidel había crecido diez veces su tamaño original tras el ataque a los campos de caña de azúcar. Ahora tenía doscientos hombres a su mando, todavía un número diminuto en comparación con las decenas de miles de hombres de Batista. Pero cuanto más atacaban, más desmoralizados estaban los hombres de Batista en las montañas. Estaban sirviendo a su dictador, pero en el fondo eran cubanos, y muchos de ellos estaban disgustados por la gran crueldad que habían presenciado. Algunos desertaron y otros incluso se unieron a la causa de Fidel, aportando valiosa información y recursos. Los irregulares en Oriente también estaban trabajando para hostigar y desgastar a las tropas de Batista en toda la provincia, manteniéndolas fuera de la Sierra Maestra y distrayéndolas del creciente ejército de Fidel.

Pasaron los meses y rebeldes ganaban fuerza lentamente. Fidel y el Che parecían ahora desgastados por la batalla. Las mejillas suaves y redondas y el fino bigote de Fidel tras salir de la Cárcel Modelo habían desaparecido. Ahora llevaba una barba espesa y un bigote tupido sobre su rostro hundido. La barba del Che también estaba raída. Afeitarse era una preocupación secundaria para la supervivencia, y le valió a los guerrilleros el apodo de *los barbudos*. Raúl se mostró reacio al principio, y mantuvo su rostro bien afeitado durante un tiempo, pero cuando se acabaron las hojas de afeitar, las barbas crecieron y se convirtieron en un icono de la revolución. Estos tres se convirtieron en los comandantes del ejército, el cual Fidel dividió en tres columnas para mejorar la movilidad en el terreno accidentado.

Para febrero de 1958, toda la Sierra Maestra estaba bajo control rebelde. Los rebeldes ahora tenían muchos recursos a su disposición y podían obtener atención médica, alimentos e incluso educación sin mucho esfuerzo. También habían creado una pequeña emisora de radio, Radio Rebelde, que utilizaban para difundir su mensaje por toda la isla, incluso en las zonas que estaban bajo el control de Batista. Fue por esta época cuando se convocó una huelga general en toda la isla en apoyo a la revolución. La huelga finalmente no se materializó como se esperaba, pero la gente aumentó sus manifestaciones violentas. Se incendiaron granjas y negocios, incluso algunas zonas de La Habana fueron bombardeadas para dar voz al malestar de la gente. Batista intentó sacar provecho de la lucha posponiendo las elecciones presidenciales y apoderándose de unos años más de poder.

De alguna manera, los trescientos rebeldes en las montañas estaban sacando a un país entero del control de Batista, y él lo sabía. Estaba desesperado. Quería poder, pero también podía ver que su gente se estaba volviendo incontrolable. La única forma de volver a controlarlos sería eliminar la fuente de su inspiración y afán: la guerrilla en la Sierra Maestra. Harto de luchar, Batista movilizó una fuerza de diez mil efectivos en una ofensiva llamada Operación Verano. Puede haber parecido un poco excesivo enviar diez mil hombres para lidiar con trescientos, pero Batista estaba cansado de perder con esta ridículamente pequeña banda de guerreros. Esta vez, enviaría a su ejército para borrar a esos molestos rebeldes para siempre.

Capítulo 9: Operación Verano y Victoria

Ilustración 4: Che Guevara en la batalla de Santa Clara

28 de junio de 1958. La Operación Verano comenzó desde la azucarera Estrada Palma, un punto estratégico cerca de la Sierra Maestra y uno de los pocos molinos azucareros que aún estaba bajo el control de Batista. Un convoy de vehículos blindados se aventuró hacia la jungla. Su objetivo: encontrar al puñado de rebeldes de Fidel Castro y matarlos. No podía ser tan difícil. Había solo unos pocos cientos de rebeldes y los superaban en número en más de treinta a uno. Pero a pesar de esas probabilidades favorables, las tropas de Batista se encontraron un poco preocupadas y descorazonadas mientras se aventuraban. Ya se habían producido algunos bombardeos en las montañas y dejaron un sabor amargo en la boca de los soldados, porque en lugar de bombardear a los rebeldes — nadie tenía idea de dónde estaban— se les había pedido que bombardearan pueblos y granjas. Los rebeldes *podrían* estar escondidos allí, pero también era probable que muchas de estas personas fueran inocentes. De hecho, la mayoría de ellos eran inocentes y murieron sin una buena razón. Muchos de los soldados habían crecido aquí en las provincias orientales, tal vez incluso conocían a algunas de las personas que murieron tan brutalmente, y se preguntaban si estaban haciendo lo correcto al seguir a Batista.

Hasta ese momento, el ejército cubano había sido el más incondicional partidario de Batista. Después de todo, él era uno de ellos. Había sido Batista quien les había asegurado mejores salarios y condiciones de vida durante la revuelta de los sargentos, y los hombres siempre habían confiado en él. Ahora era presidente, pero antes que nada había sido un militar, y el ejército había cometido sus atrocidades sin cuestionarlo. Sin embargo, la continua brutalidad comenzaba a desgastar a los hombres. Ellos también eran cubanos, y no siempre podían ver por qué deberían estar matando a otros cubanos en nombre de Batista.

Aun así, las órdenes eran órdenes y aún no estaban preparados para desafiar a su presidente. Seguía siendo Fulgencio Batista, el sargento que había hecho tanto por ellos. Entonces, los soldados y sus carros blindados se dirigieron hacia la jungla en busca de alguna señal de los hombres de Fidel en el creciente calor de la primavera. Sin que ellos lo supieran, los rebeldes estaban justo delante de sus narices- Habían planeado estar allí. Escondidos en las profundidades de la jungla, el Che y sus tropas esperaron a que los vehículos blindados se acercaran. Ya habían trazado un campo de minas cuidadosamente planeado y su emboscada estaba lista. Los soldados de Batista se dirigían directamente a una trampa.

El estruendo de los motores de los vehículos blindados se hacía cada vez más cercano. Agachados tras el espeso follaje, los rebeldes agarraron sus armas, sudando mientras esperaban a que los soldados se acercaran lo suficiente para atacar. Todos los ojos estaban fijos en el Che, acurrucado en su escondite. Solo tenía treinta años en ese momento, pero ya era un veterano de la revolución, y el ardor en sus ojos se había vuelto más intenso y concentrado, agudizado por años de dificultades. Los integrantes del MR-26-7 habían olvidado por completo aquella reticencia inicial a recibir órdenes de este argentino. Guiándolos, curándolos y atendiendo sus heridas, el joven médico se había ganado la confianza y respeto de su gente. Habrían seguido al Che a cualquier parte. Él les había dicho que podían ganar, así que le creyeron.

Por fin, sus flancos de acero destellaron a la luz del sol cuando los vehículos blindados se acercaron. El Che dio la señal y los hombres alzaron sus rifles y abrieron fuego. Las redadas en más puestos de avanzada les habían proporcionado todas las municiones que necesitaban. Tenían balas de sobta y las usaban para dañar los carros blindados y sus conductores. La sangre, la suciedad y el olor a pólvora llenaron el aire. Las balas chirriaron al rebotar en el metal, y hubo gritos de hombres moribundos luego de que los soldados se recuperaran y devolvieran el ataque. Demasiado tarde. Los rebeldes tenían el elemento sorpresa, y sacaron los vehículos blindados de la carretera, dirigiéndolos directamente al campo minado. Los soldados de Batista no tenían idea de en qué se estaban metiendo hasta que fue demasiado tarde. El suelo explotó debajo de sus neumáticos. Hombres y automóviles volaron en pedazos, esparcidos por el aire. Para cuando el resto de las tropas de Batista se reagruparon, los rebeldes simplemente se habían camuflado en la jungla, dejando apenas rastro, solo las marcas del ataque sobre los vehículos y los cuerpos destrozados junto a los cráteres en la tierra. El Che había enviado su mensaje alto y claro: los rebeldes no iban a dejarse intimidar por Batista, por muchas tropas que enviara para aplastarlos.

Ochenta y seis de los soldados de Batista murieron en esa primera emboscada. El Che perdió solo a tres de sus propios hombres. La revolución se había convertido en guerra. Furioso, Batista continuó golpeando a los rebeldes con todas sus fuerzas, pero la derrota había sacudido gravemente a sus hombres ya desmoralizados, y su ofensiva se volvió cada vez más desganada a medida que pasaban las semanas y los meses.

La segunda gran batalla de la Operación Verano tuvo lugar el 11 de julio de 1958. El general Eulogio Cantillo, principal comandante de las fuerzas de Batista, finalmente había descubierto el escondite de Fidel, su base en la Sierra Maestra. Considerando que estaban tan superados en número, si Cantillo pudiera tomar su base, los rebeldes serían aniquilados o forzados a rendirse. El primer paso sería atacar el diminuto pueblo de La Plata a lo largo del río de la Plata, cerca del lugar donde la desembocadura del río se encuentra con el mar, lo que permitió a Cantillo lanzar un ataque de dos frentes. Uno de sus batallones, el Batallón 17, vendría de las laderas de la Sierra Maestra y atacaría por la espalda. El otro, el Batallón 18, atacaría desde el mar, subiendo por la desembocadura del río para destruir la aldea. El plan tenía que ser infalible. Atrapados entre miles de soldados, ¿cómo podían esperar sobrevivir unos cientos de rebeldes?

Una vez más, Fidel los estaba esperando. Mientras los soldados del Batallón 18 avanzaban hacia la aldea, aparecían rebeldes desde ambos lados, acechando como fantasmas desde la jungla. Los soldados no estaban de humor para una pelea real. Cuando en cuestión de minutos se encontraron completamente rodeados por los rebeldes de Fidel, no intentaron contraatacar a pesar del hecho de que los rebeldes eran ampliamente superados en número. En cambio, cavaron, se escondieron en sus trincheras y esperaron refuerzos del Batallón 17.

Pero eso no sucedió. El otro batallón no estaba teniendo mejor suerte. Francotiradores, barricadas, minas y ametralladoras de los rebeldes los habían detenido. Una vez más, los rebeldes fueron superados en número. Una vez más, los soldados de Batista se mostraron reacios a participar en una guerra. Empezaban a sentirse abandonados por su dictador, en parte por la forma en que el ejército trataba a los heridos. Los rebeldes heridos eran ejecutados donde yacían, pero los soldados heridos del ejército cubano simplemente eran abandonados, mientras desangraban lentamente en el campo de batalla. Ningún salario valía eso, por lo que los soldados hicieron todo lo posible para no ser heridos en primer lugar, a pesar de que Fidel había instruido al Che y a otros rebeldes para que trataran a los heridos de Batista e intentaran salvar sus vidas.

Entonces, con la ofensiva del Batallón 17 detenida y el Batallón 18 escondido en las trincheras, la batalla se detuvo de golpe. Fidel se dio cuenta de su ventaja y comenzó a presionar a Cantillo para que se rindiera. Al principio, el comandante de la batalla en sí, el mayor José Fernando Quevedo, se negó enérgicamente, dejando a sus hombres sentados en las trincheras y esperando que sucediera algo. Pero una vez que Quevedo se dio cuenta de que no había forma de convencer a estos hombres de que se levantaran y lucharan contra las terroríficas guerrillas, se rindió. De hecho, Quevedo había sido uno de los compañeros de clase de Fidel cuando eran niños y eventualmente desertaría —como muchos otros de los soldados de Batista— y ayudaría a Fidel en los últimos meses de la revolución. Para el 21 de julio, los soldados se habían rendido. Las fuerzas de Fidel tomaron cautivos a unos doscientos cuarenta de ellos, lo que hizo que Fidel tuvier casi más prisioneros que soldados. Los entregó a la Cruz Roja. El ejército cubano había perdido quinientos soldados entre los muertos y los soldados presos. Las tropas de Batista retrocedieron con el rabo entre las piernas.

Se hizo un último intento para poner fin a la revolución el 29 de julio, y aquí casi lo consigue. El Batallón 17 se había retirado lentamente hacia las montañas después de la Batalla de La Plata, y al ver la oportunidad de lanzar otra emboscada, Fidel envió un destacamento de soldados al mando de René Latour para lidiar con ellos. Pero la masa rezagada y desorganizada del Batallón 17 no fue la única presencia del ejército cubano en la Sierra Maestra. Cantillo se había dado cuenta de la estrategia de Fidel y él mismo había tendido una trampa: iba a tender una emboscada a los emboscadores. El batallón 17 no era la fuerza atacante; era solo el cebo. Al principio, las fuerzas de Latour abrumaron a la vanguardia del batallón, pero su ventaja no duró mucho. El resto de las fuerzas del ejército cubano aparecieron repentinamente de la selva y cayeron sobre los rebeldes. Por fin, su número se estaba dando a conocer, y Latour se dio cuenta de que sus hombres estaban condenados si alguien no actuaba rápido. Pidió ayuda y la columna de Fidel corrió en su ayuda. Pero Cantillo había planeado todo para esta eventualidad. Mientras Fidel trataba desesperadamente de salvar a los hombres de Latour (una decisión similar a la de salvar al navegante aquella noche del *Granma*), aparecieron más soldados del ejército cubano y comenzaron a atacarlos en camino a la azucarera Estrada Palma.

Desesperadamente, Fidel y Latour empezaron a pedir ayuda al Che, que estaba cerca. Pero el Che no respondió, estaba contratando a unos 1 500 soldados que habían sido convocados desde pueblos cercanos, tratando de mantenerlos a raya con menos de una décima parte de ese número. Siguieron dos días de la lucha más dura que los rebeldes tuvieron que soportar, y para el 31 de julio, Fidel sabía que estaba arriesgando toda su fuerza al continuar la batalla. Sugirió un alto el fuego, ofreciéndose incluso a negociar el fin de la lucha por completo, y Cantillo aceptó. Sigue siendo un misterio por qué el general aceptó teniendo ventaja por primera vez y pudiendo haber borrado a los rebeldes de la faz de la tierra. Quizás estaba tan desilusionado como sus tropas, harto de bombardear a inocentes, harto de dejar atrás heridos. De cualquier manera, aceptó y la lucha se detuvo. Batista envió un representante para que se ocupara de Fidel, y mientras esperaban que este hombre subiera desde La Habana, los rebeldes comenzaron a escapar. Poco a poco, amparados en la oscuridad y en la jungla que conocían como la palma de su mano, se perdieron en la oscuridad. Tan pronto como sus hombres estuvieron libres, Fidel retiró abruptamente su oferta de negociación y desapareció tras ellos. El 8 de agosto, terminado el alto el fuego, Cantillo intentó atacar nuevamente, pero para su horror, no había nadie a quien atacar. Todos los rebeldes se habían ido. Habían convertido su derrota en algo que se acercaba a una victoria, ya que los soldados habían pensado que finalmente obtendrían una victoria y, en cambio, no obtuvieron nada. Fue el golpe final para su moral decadente, y fue el final de la Operación Verano. 71 rebeldes murieron en la batalla de Las Mercedes, pero su objetivo se logró: el ejército cubano fue presionado y retirado lentamente, completamente desanimados por su fracaso.

Fidel vio su oportunidad. Su apuesta por sacar a sus hombres del peligro había dado sus frutos; el gobierno estaba ahora a la defensiva y sabía que podía vencerlos. El fuego de los rebeldes podría destruir su número. En agosto de 1958, lanzó una ofensiva propia. Aviones de simpatizantes fuera de Cuba introducían armas de contrabando en el país, y con estas armas más las armas que le habían quitado al ejército cubano en La Plata, los rebeldes bajaron de las montañas en sus tres columnas y comenzaron a tomar sistemáticamente las provincias orientales. Convencidos de que no podrían derrotar a estos feroces guerrilleros, e inseguros incluso de si querían derrotarlos, el ejército de Batista se derritió ante el calor de aquel afán mientras viajaban hacia Santiago de Cuba, Bayamo, Santa Clara y su objetivo final, La Habana.

La marea ya había cambiado, pero la primera gran victoria rebelde llegó después de meses de lento avance por las tierras bajas cuando Fidel condujo a su columna a una batalla mortal en Guisa, un cuartel en la Sierra Maestra. El cuartel era de importancia estratégica por su proximidad a Bayamo, donde estaban la mayoría de las tropas del ejército cubano. Si bien atacar Bayamo habría sido imprudente en esta etapa, Fidel sabía que su pequeño ejército era capaz de tomar Guisa y que la osadía de tomar el cuartel bajo las narices de Batista no pasaría desapercibida por su pueblo o su ejército desmoralizado. El 20 de noviembre de 1958, Fidel hizo su movimiento.

Todos los días, alrededor de las 8:30 de la mañana, una patrulla de soldados del ejército cubano subía desde Bayamo a Guisa. Se dirigían a Guisa como todas las mañanas, totalmente desprevenidos de las tropas rebeldes que esperaban en las sombras. De la nada, Fidel y su columna atacaron. Tomados por sorpresa por la guerrilla, los soldados de Batista dieron media vuelta y huyeron a Bayamo, pidiendo refuerzos. A las pocas horas llegó una gran tropa de Bayamo, pero Fidel estaba listo para recibirlos. Los rebeldes pretendían aislar a Guisa de Bayamo cerrando la carretera, luego destruyendo la fuerza que quedaba en el cuartel para poder tomarla y defenderla del ejército de Bayamo, y era un plan destinado al éxito. Los rebeldes colocaron minas terrestres a lo largo de la carretera, atrapando a los hombres dentro de Guisa e impidiendo que la fuerza de Bayamo acudiera en su ayuda. Sin embargo, lo intentaron y avanzaron pesadamente por la carretera en tanques gigantes. Los rebeldes simplemente observaron y esperaron. Era un tanque T-17 de treinta toneladas el que se topó con la primera mina. La explosión sacudió todo el lugar e hizo volar el enorme tanque por los aires. Lo volcó, lo lanzó como un juguete con la fuerza de la detonación y lo estrelló contra el suelo, donde permaneció como un insecto volcado e indefenso.

La batalla no mejoró para el ejército cubano. A pesar de que Fidel luego denominaría la pelea en Guisa como una de las batallas más duras de toda la revolución, durante la semana siguiente, los rebeldes obtuvieron una ventaja constante. Se movilizaron tropas de todas las provincias orientales —el Molino Estrada Palma, Bayamo, Yara, Baire y Manzanillo— pero ninguna de ellas pudo resistir la fuerza de los rebeldes. El cuartel fue tomado y doscientos de los soldados de Batista resultaron muertos o heridos, mientras que solo ocho de los combatientes de Fidel murieron y siete resultaron heridos. Fue una victoria rotunda y decisiva para los rebeldes, que finalmente cambió el rumbo.

Después de la batalla de Guisa, nadie pudo detener a los rebeldes. El ejército cubano había llegado a la conclusión de que no podían derrotarlos. Se rindieron y desertaron a diestra y siniestra mientras Fidel, el Che y los demás continuaban avanzando sobre las provincias orientales. Uno a uno, pueblos y provincias enteras cayeron y quedaron bajo el control rebelde. La gente los recibió con los brazos abiertos. Los soldados ofrecieron solo una resistencia esporádica. Una de las columnas rebeldes fue casi destruida, pero el Che, Fidel, Raúl y otros líderes sobrevivieron y continuaron avanzando hacia las provincias centrales y su destino final, La Habana. Primero cayó el llano del Cauto, luego el Oriente, y finalmente el Che condujo su columna hacia Santa Clara. Esta era la capital de la provincia de Villa Clara y lo más cerca que los rebeldes habían estado de llegar a La Habana.

Para el 31 de diciembre de 1958, la victoria era casi suya. El Che se dirigió a Santa Clara, confiado en capturarla. Luego de una breve batalla y el descarrilamiento de un tren blindado, el ejército cubano se rindió con muy poca resistencia. Habían terminado de luchar contra su propia gente en nombre de un dictador que al final había demostrado ser brutal incluso con sus amigos.

Fue la gota que colmó el vaso para Fulgencio Batista. No le quedaban amigos, había nacionalizado los activos estadounidenses en un intento por salvar una economía que se desvanecía ante los embargos y la guerra. Su turismo se tambaleaba debido a la violencia, provocando que la mafia invirtiera menos en La Habana, e incluso su aliado más antiguo, el ejército cubano, le había fallado por completo. Se le negó el asilo en Estados Unidos, ese país que había sido durante tanto tiempo su partidario. Su crueldad había repelido a todos los que lo rodeaban. Fue así que, a las tres de la mañana del 1 de enero de 1959, Batista cargó a sus familiares y amigos más cercanos en un avión en el Campamento Colombia y huyó hacia República Dominicana. Nunca más volvería a Cuba.

Ramón M. Barquín, ex general del ejército cubano y el hombre que intentó un golpe de Estado contra Batista y fue encarcelado por sus esfuerzos en 1956 durante la Conspiración de los Puros, había señalado que la ofensiva rebelde era imposible, "no factible militarmente". Un compañero simpatizante de la revolución respondió: "Coronel, lo hicieron porque no sabían que era imposible". No sabemos si no lo sabían o lo sabían y simplemente no les importaban las imposibilidades, pero de alguna manera los rebeldes lo habían logrado. Cuba era de ellos.

Conclusión

Ilustración 5: El Che y Fidel poco después de su victoria

Fidel llegó a La Habana el 7 de enero de 1959. Había estado preparado para una guerra hasta el final, hasta las mismas puertas de la ciudad donde se originó su carrera política, pero en cambio su viaje de Santa Clara a La Habana fue un desfile de victoria. La gente se alineaba en las calles, coreando su nombre y celebrando; la ciudad misma había estado de fiesta durante una semana, celebrando su liberación de las garras de Batista.

Fidel, Che y Raúl fueron héroes instantáneos del pueblo cubano. Fidel fue nombrado primer ministro de Cuba y luego presidente. En total, mantendría el control de la isla durante cuarenta y nueve años. Se convirtió en uno de los protagonistas clave de la historia del mundo, estando íntimamente involucrado en la Guerra Fría y convirtiendo a Cuba de un mero juguete y centro de comercio —primero perteneciente a España, luego a los Estados Unidos— en un enemigo formidable y una estrella en el escenario de la política mundial.

El Che pasó varios años más en Cuba. Fue nombrado ciudadano cubano oficial, y Fidel le otorgó roles importantes en el gobierno, incluido el de presidente del Banco Nacional de Cuba y jefe del Ministerio de Industria. Pero el Che era mejor revolucionario que político. Trató de imponer sus ideales marxistas a Fidel y a la isla, y logró ayudar a convertirlo en un estado socialista, pero finalmente también contribuyó a paralizar financieramente al país. El espíritu inquieto del Che tampoco le permitiría servir en una oficina por mucho tiempo. En 1965, dejó Cuba y comenzó a viajar nuevamente, comenzando por intentar ayudar en una revolución en el Congo. Más tarde, regresó a Cuba y armó otro ejército guerrillero, con la esperanza de lograr la misma gloriosa victoria que había tenido en Cuba ahora en Bolivia.

Pero eso no sucedió. Afectado por el asma, el Che se enfermó cada vez más. Se debilitó demasiado y su juicio se resintió debido a su enfermedad. Finalmente, el 31 de agosto de 1967, el Che y un grupo de sus hombres fueron acorralados y capturados por la CIA. Fue ejecutado sumariamente y su cuerpo fue arrojado descuidadamente a una fosa común. Tenía solo 31 años.

Fidel gobernaría Cuba por más tiempo que cualquier otra persona. Rápidamente convirtió al país en un estado socialista, cortando los lazos con los EE. UU. y recurriendo a la Unión Soviética en busca de lealtad y apoyo. La isla que alguna vez fue el lucrativo patio de recreo de Estados Unidos se convirtió en una amenaza para su existencia durante la Guerra Fría. Fue Fidel quien orquestó la construcción de misiles nucleares en suelo cubano durante la década de 1970, lo que llevó a la Crisis de los Misiles en Cuba, lo más cerca que estuvo la Guerra Fría de estallar en un colapso nuclear apocalíptico.

El largo gobierno de Fidel sobre la isla tampoco fue siempre ventajoso para su pueblo. Si bien cumplió sus promesas de mejorar la educación y las condiciones de vida del hombre común, cortar lazos con Estados Unidos resultó ser un error. Una vez que la Unión Soviética se derrumbó en 1991 y Cuba se quedó sin amigos a quienes llamar, provocó la hambruna más espantosa en la historia de Cuba. Conocido como el Período Especial Cubano, este fue un momento en que el reloj se vio obligado a regresar a la agricultura de subsistencia y al transporte a través de bestias de carga porque Cuba simplemente no podía pagar alimentos o combustible. Finalmente, Fidel se vio obligado a abrir nuevamente el turismo con Estados Unidos para mantener viva a su gente. La economía se estabilizó, pero esto no fue de ninguna manera la única falla de Fidel. Su módulo comunista para el gobierno resultó tiránico en más de un punto. Ejecutó a cientos de leales a Batista y sus familias, trató cruelmente a los homosexuales al ponerlos en campos de trabajos forzados y reprimió severamente la libertad de expresión. Como resultado, Cuba se encontró aislada del mundo exterior durante décadas. Incluso hoy en día, muy pocos cubanos tienen acceso a internet.

Sin embargo, a pesar de todo esto, Fidel se mantuvo en el poder hasta que dimitió por motivos de salud en 2008. La presidencia pasó a su hermano Raúl, quien aceptó el cargo de mala gana, calificando a su hermano de insustituible.

Mientras tanto, Batista se exilió en España, donde pudo vivir sus años en paz y plenitud. El hombre que había asesinado a 20 000 cubanos finalmente murió pacíficamente en 1973 a la edad de setenta y dos años. Su oportuna muerte le evitó un final mucho más horrible. Los asesinos enviados desde la Cuba de Castro debían matarlo solo dos días después, pero se salvaron del problema cuando Batista murió naturalmente de un ataque al corazón.

Fidel continuó haciendo alguna que otra aparición pública a principios de la década del 2000 después de que Raúl asumiera el poder, pero era evidente que el viejo dictador se estaba desvaneciendo rápidamente. Finalmente, murió en paz en el año 2016, a los 90 años de edad. Dejó un legado complicado de coraje, ideales equivocados, terquedad, crueldad, determinación y buenas intenciones. Algunos lo llamaron héroe, otros lo llamaron un villano del más alto nivel. Pero una cosa era segura: era un hombre extraordinario.

La Revolución cubana también dejó su huella en Cuba para siempre. Proporcionó estabilidad a la tumultuosa política de la isla por primera vez desde que obtuvo la independencia. También la convirtió en uno de los últimos estados socialistas que quedan en el mundo. Actualmente gobernada por el sucesor de Raúl, el presidente Miguel Díaz-Canel, la relación de Cuba con Estados Unidos parece estar mejorando gracias a los esfuerzos de Raúl Castro y Barack Obama. Sin embargo, sigue siendo un estado socialista, uno de los cinco países que quedan en el mundo y el único estado comunista en el hemisferio occidental.

Cuba ha adquirido un poco de la personalidad del hombre que la gobernó durante casi medio siglo. Al igual que Fidel Castro, sigue siendo controvertida, misteriosa, terca y siempre, siempre, innegablemente única.

Vea más libros escritos por Captivating History

Fuentes

Argote-Freyre, Frank. *Fulgencio Batista: The Making of a Dictator.* Rutgers University Press, 2006.

https://en.wikipedia.org/wiki/Ciboney

https://www.blackhistorymonth.org.uk/article/section/pre-colonial-history/taino-indigenous-caribbeans/

https://www.britannica.com/topic/Taino

http://www.cubahistory.org/en/sugar-boom-a-slavery/slavery.html

http://www.tracesofthetrade.org/guides-and-materials/historical/cuba-and-the-slave-trade/

http://www.countriesquest.com/caribbean/cuba/history/spanish_rule/sugar_and_slaves.htm

https://en.wikipedia.org/wiki/Little_War_%28Cuba%29

https://en.wikipedia.org/wiki/Jos%C3%A9_Mart%C3%AD#Return_to_Cuba:_1895

https://www.britannica.com/event/Cuban-Independence-Movement

https://en.wikipedia.org/wiki/Little_War_%28Cuba%29

http://www.historyofcuba.com/history/race/EndSlave.htm

https://www.thoughtco.com/biography-of-jose-marti-2136381

https://www.history.com/topics/early-20th-century-us/spanish-american-war

https://www.encyclopedia.com/humanities/encyclopedias-almanacs-transcripts-and-maps/cuba-war-independence

https://www.enotes.com/homework-help/how-did-yellow-journalism-affect-spanish-american-379317

https://en.wikipedia.org/wiki/William_McKinley#Civil_War

https://en.wikipedia.org/wiki/Second_Occupation_of_Cuba

https://en.wikipedia.org/wiki/Jos%C3%A9_Miguel_G%C3%B3mez

https://en.wikipedia.org/wiki/Republic_of_Cuba_%281902%E2%80%931959%29

https://www.nps.gov/saga/learn/education/upload/african%20american%20history%20timeline.pdf

https://blackpast.org/gah/partido-de-independiente-de-color-cuba-1908-1912

http://www.thecubanhistory.com/2012/05/president-alfredo-zayas/

http://www.historyofcuba.com/history/machado.htm

https://www.nytimes.com/1973/08/07/archives/batista-excuban-dictator-dies-in-spain-unending-exile-succession-of.html

https://en.wikipedia.org/wiki/Sumner_Welles

https://en.wikipedia.org/wiki/Carlos_Manuel_de_C%C3%A9spedes_y_Quesada

https://www.encyclopedia.com/humanities/encyclopedias-almanacs-transcripts-and-maps/revolution-1933

https://en.wikipedia.org/wiki/Carlos_Saladrigas_Zayas

https://en.wikipedia.org/wiki/Constitution_of_Cuba#1940_Constitution

http://www.countriesquest.com/caribbean/cuba/history/the_search_for_stability/batista's_first_regime.htm

https://www.britannica.com/biography/Carlos-Prio-Socarras

https://www.thoughtco.com/the-bogotazo-april-9-1948-2136619

https://www.telesurtv.net/english/news/Fidel-Castro-A-Revolutionary-Witness-to-Colombias-Bogotazo-20160407-0055.html

https://en.wikipedia.org/wiki/Bogotazo#The_riots

https://en.wikipedia.org/wiki/Jorge_Eli%C3%A9cer_Gait%C3%A1n

https://en.wikipedia.org/wiki/The_Motorcycle_Diaries_%28book%29

https://academicworks.cuny.edu/gc_etds/1411/

https://www.revolvy.com/page/Eduardo-Chib%C3%A1s

https://www.historytoday.com/richard-cavendish/coup-cuba

http://lanic.utexas.edu/project/castro/db/1959/19590117.html

http://www.pbs.org/wgbh/americanexperience/features/comandante-pre-castro-cuba/

https://www.peoplesworld.org/article/movement-that-changed-the-world-began-in-cuba-july-26-195/

http://www.onthisdeity.com/26th-july-1953-%E2%80%93-the-birth-of-the-26th-of-july-movement/

http://www.lahabana.com/guide/july-26-1953-attack-moncada-barracks/

https://en.wikipedia.org/wiki/Moncada_Barracks#Preparation_for_the_attack

https://www.marxists.org/history/cuba/archive/castro/1953/10/16.htm

https://en.wikipedia.org/wiki/History_Will_Absolve_Me

http://www.onthisdeity.com/26th-july-1953-%E2%80%93-the-birth-of-the-26th-of-july-movement/

http://citeseerx.ist.psu.edu/viewdoc/download?doi=10.1.1.502.1502&rep=rep1&type=pdf

https://en.wikipedia.org/wiki/History_of_Mexico#%22Revolution_to_evolution%22,_1940-70

https://www.aljazeera.com/programmes/face-to-face/2017/07/che-guevara-fidel-castro-revolutionary-friends-170711115942430.html

https://www.thoughtco.com/biography-of-ernesto-che-guevara-2136622

https://www.pri.org/stories/2012-02-24/new-fidel-castro-memoir-recalls-rebel-s-life-mexico

https://www.passagemaker.com/trawler-news/granma-yacht-changed-history

https://www.thevintagenews.com/2017/04/21/granma-yacht-the-vessel-which-brought-the-cuban-revolution-in-cuba/

https://www.thoughtco.com/cuban-revolution-the-voyage-of-granma-2136623

https://en.wikipedia.org/wiki/Jos%C3%A9_Antonio_Echeverr%C3%ADa

https://www.britannica.com/event/Cuban-Revolution

https://www.revolvy.com/page/Battle-of-La-Plata

https://en.wikipedia.org/wiki/Battle_of_Las_Mercedes

https://en.wikipedia.org/wiki/Operation_Verano

http://cuba1952-1959.blogspot.com/2009/12/1958-operation-verano-offensive.html

https://www.themilitant.com/2004/6815/681560.html

https://www.encyclopedia.com/people/history/cuban-history-biographies/che-guevara

www.ingramcontent.com/pod-product-compliance
Lightning Source LLC
LaVergne TN
LVHW041646060526
838200LV00040B/1738